高等院校会计专业本科系列规划教材
GAODENG YUANXIAO KUAIJI ZHUANYE BENKE XILIE GUIHUA JIAOCAI

# 会计实操与技能提升速成

KUAIJI SHICAO YU JINENG TISHENG SUCHENG

梁 微/著

重庆大学出版社

## 内容提要

本书是一本专门针对财务和会计人员的知识手册。本书立足于会计实务的执行,为会计从业人员厘清了一条清晰的会计工作思路,引导会计人员以更简单且更高效的方式来完成自己的会计工作。全书共15章,包含了出纳基本业务操作,公司不同阶段的财务处理、涉税处理,从会计人员应知、应会、应懂出发,涵盖了作为一个财务人员所要掌握的各个方面的知识。全书以图文结合加实际案例的形式,介绍了会计岗位的设置和岗位职责、流程以及会计工作的基础知识。本书理论与实操相结合,便于财务人员轻松掌握会计操作技能,快速胜任会计工作,适合初入职场、经验尚浅的财务工作者使用。

**图书在版编目(CIP)数据**

会计实操与技能提升速成/梁微著. --重庆:重庆大学出版社,2018.9

高等院校会计专业本科系列规划教材

ISBN 978-7-5689-1078-1

Ⅰ.①会… Ⅱ.①梁… Ⅲ.①会计学—高等学校—教材 Ⅳ.①F230

中国版本图书馆CIP数据核字(2018)第081659号

**会计实操与技能提升速成**

梁 微 著

策划编辑:尚东亮

责任编辑:李定群　　版式设计:尚东亮

责任校对:刘志刚　　责任印制:张 策

*

重庆大学出版社出版发行

出版人:易树平

社址:重庆市沙坪坝区大学城西路21号

邮编:401331

电话:(023) 88617190　88617185(中小学)

传真:(023) 88617186　88617166

网址:http://www.cqup.com.cn

邮箱:fxk@cqup.com.cn(营销中心)

全国新华书店经销

重庆俊蒲印务有限公司印刷

*

开本:787mm×1092mm　1/16　印张:11.25　字数:248千

2018年9月第1版　2018年9月第1次印刷

ISBN 978-7-5689-1078-1　定价:29.00元

---

# 前言

如今大数据冲击着各行各业,管理方式的变革更突显财务在一个企业中所具有的核心地位。作为管理者,需要懂一些财务知识,因为企业经营活动的最终体现是反映到财务报告上;作为初入职场的从业者,需要尽快熟知企业业务类型和业务操作流程与规范,以便于快速掌握实务处理技能。

本书在写作的过程中,一直在考量怎样更适合初入职场或零基础且要实战的从业人员。随着市场经济的发展与完善,企业规模的不断扩大,企业财务工作日益趋于系统化和模块化。本书以企业财务岗位模块化设置为出发点,分别从出纳岗位、销售会计、成本会计及费用会计等模块介绍实际工作中相关岗位的职能、业务操作及相互勾稽关系,结合本人的实际工作经验以及多年来积累的职业感悟,运用大量发票、图表将财务工作中可能涉及的业务真实呈现,力求突出实用性。

通过学习本书的内容,将学会:

1.了解不同企业组织形式和企业财务岗位设置,深入认识相关岗位工作内容、职责,财务部门与企业内部、企业之间相关部门工作对接中财务工作应承担的责任与职能。

2.除介绍财务工作平时业务的账务处理,本书对实际工作中出现的与政府职能部门沟通所需的相关知识进行了梳理,便于读者掌握更多的辅助知识。

3.因互联网、大数据带来的冲击,财务管理模式已面临转型的压力。财务共享中心、网络报销、网络发票、电子发票、业务财务一体化流程再造等新事物的产生,给传统的财务操作模式带来了挑战。本书除对企业日常实务的财务处理进行介绍外,同时也把实务中经常出现的、容易存在处理争议的业务带给大家,便于读者掌握实务操作规范,转变执业思想,明确职业方向。

本书适合零基础学习者、刚毕业的职场新手、在职会计人员及其他相关人员学习、使用。本书在写作的过程中参考了大量的财务书籍、相关法规及政策，在此，对为本书出版给予帮助、支持的朋友表示由衷的感谢。

由于企业规模、岗位职能设定不同，本书所讲的会计岗位职责可能与实际企业略有不同，仅供参考。由于作者水平有限，书中难免会有一些纰漏和不成熟之处，敬请批评指正。

本书的出版得到了桂林理工大学博文管理学院的大力支持，本书的部分成果受助于广西高等教育本科教学改革工程立项项目（2017JGB504）、广西民办教育科学规（2017MB14）、广西高校中青年教师基础能力提升项目（2018KY0842）的支持。

梁 微

2018 年 2 月[①]

① 本书完稿于 2018 年 2 月，出版于 2018 年 9 月，故书中提及的一般纳税人增值税税率均采用 2018 年 5 月调整前的 17%的增值税税率。自 2018 年 5 月 1 日起，财政部税务总局关于调整增值税税率的通知（财税〔2018〕32 号）纳税人发生增值税应税销售行为或者进口货物，原适用 17%税率的，税率调整为 16%。

# 目录

# 第 1 章　认识企业　了解会计

## 1.1　企业类型

企业的分类如下：

①企业按所属的经济部门，可分为工业企业、商业企业、建筑企业、农业企业、交通运输企业、金融企业及服务业等。

②根据劳动力、资本和技术 3 种生产要素在各产业中的相对投入，可分为劳动密集型企业、资本密集型企业、技术密集型企业及第三产业密集型企业。

③根据企业规模，可分为大型企业、中型企业、小型企业及微型企业。

工业和信息化部、国家统计局、国家发展和改革委员会、财政部《关于印发中小企业划型标准规定的通知》（工信部联企业〔2011〕300 号），具体划分标准见表 1.1。

**表 1.1　企业规模划分标准**

| 行业名称 | 指标名称 | 计量单位 | 大型 | 中型 | 小型 | 微型 |
|---|---|---|---|---|---|---|
| 农、林、牧、渔业 | 营业收入 | 万元 | ≥20 000 | ≥500<br><20 000 | ≥50<br><500 | <50 |
| 工业 | 从业人员 | 人 | ≥1 000 | ≥300<br><1 000 | ≥20<br><300 | <20 |
| | 营业收入 | 万元 | ≥40 000 | ≥2 000<br><40 000 | ≥300<br><2 000 | <300 |
| 建筑业 | 营业收入 | 万元 | ≥80 000 | ≥6 000<br><80 000 | ≥300<br><6 000 | <300 |
| | 资产总额 | 万元 | ≥80 000 | ≥5 000<br><80 000 | ≥300<br><5 000 | <300 |

续表

| 行业名称 | 指标名称 | 计量单位 | 大型 | 中型 | 小型 | 微型 |
|---|---|---|---|---|---|---|
| 批发业 | 从业人员 | 人 | ≥200 | ≥20<br><200 | ≥5<br><20 | <5 |
| | 营业收入 | 万元 | ≥40 000 | ≥5 000<br><40 000 | ≥1 000<br><5 000 | <1 000 |
| 零售业 | 从业人员 | 人 | ≥300 | ≥50<br><300 | ≥10<br><50 | <10 |
| | 营业收入 | 万元 | ≥20 000 | ≥500<br><20 000 | ≥100<br><500 | <100 |
| 交通运输业 | 从业人员 | 人 | ≥1 000 | ≥300<br><1 000 | ≥20<br><300 | <20 |
| | 营业收入 | 万元 | ≥30 000 | ≥3 000<br><30 000 | ≥200<br><3 000 | <200 |
| 仓储业 | 从业人员 | 人 | ≥200 | ≥100<br><200 | ≥20<br><100 | <20 |
| | 营业收入 | 万元 | ≥30 000 | ≥1 000<br><30 000 | ≥100<br><1 000 | <100 |
| 住宿业 | 从业人员 | 人 | ≥300 | ≥100<br><300 | ≥10<br><100 | <10 |
| | 营业收入 | 万元 | ≥10 000 | ≥2 000<br><10 000 | ≥100<br><2 000 | <100 |
| 餐饮业 | 从业人员 | 人 | ≥300 | ≥100<br><300 | ≥10<br><100 | <10 |
| | 营业收入 | 万元 | ≥10 000 | ≥2 000<br><10 000 | ≥100<br><2 000 | <100 |
| 信息传输业 | 从业人员 | 人 | ≥2 000 | ≥100<br><2 000 | ≥10<br><100 | <10 |
| | 营业收入 | 万元 | ≥100 000 | ≥1 000<br><100 000 | ≥100<br><1 000 | <100 |
| 软件和信息技术服务业 | 从业人员 | 人 | ≥300 | ≥100<br><300 | ≥10<br><100 | <10 |
| | 营业收入 | 万元 | ≥10 000 | ≥1 000<br><10 000 | ≥50<br><1 000 | <50 |

续表

| 行业名称 | 指标名称 | 计量单位 | 大型 | 中型 | 小型 | 微型 |
|---|---|---|---|---|---|---|
| 房地产开发经营 | 营业收入 | 万元 | ≥200 000 | ≥1 000<br><200 000 | ≥100<br><1 000 | <100 |
| | 资产总额 | 万元 | ≥10 000 | ≥5 000<br><10 000 | ≥2 000<br><5 000 | <2 000 |
| 物业管理 | 从业人员 | 人 | ≥1 000 | ≥300<br><1 000 | ≥100<br><300 | <100 |
| | 营业收入 | 万元 | ≥5 000 | ≥1 000<br><5 000 | ≥500<br><1 000 | <500 |
| 租赁和商务服务业 | 从业人员 | 人 | ≥300 | ≥100<br><300 | ≥10<br><100 | <10 |
| | 资产总额 | 万元 | ≥120 000 | ≥8 000<br><120 000 | ≥100<br><8 000 | <100 |
| 其他未列明行业 | 从业人员 | 人 | ≥300 | ≥100<br><300 | ≥10<br><100 | <10 |

注：大型企业、中型企业和小型企业的划分标准必须要同时满足指标的下限，否则将视标准要求划入下一档；微型企业的认定标准只需要满足所列指标的其中一项即可。从业人员是指期末从业人员数，没有期末从业人员数的，采用全年平均人员数代替。

④按照经济类型对企业进行分类，可分为国有企业、集体企业、私营企业、股份制企业（有限责任公司、股份有限公司）、联营企业及外商投资企业等。企业登记注册类型与代码见表 1.2。

**表 1.2　企业登记注册类型与代码（部分）**

| 代码 | 企业登记注册类型 |
|---|---|
| 100 | 内资企业 |
| 110 | 国有企业 |
| 120 | 集体企业 |
| 150 | 有限责任公司 |
| 160 | 股份有限公司 |
| 170 | 私营企业 |
| 200 | 港、澳、台商投资企业 |
| 300 | 外商投资企业 |
| 400 | 个体经营 |

## 1.2 财务岗位设置与职责

会计工作岗位一般分为:总会计师岗位,会计机构负责人(会计主管人员)岗位,出纳岗位,稽核岗位,资金核算岗位,收入、支出、债权债务核算岗位,工资核算、成本费用核算、财务成果核算岗位,以及总账岗位等。会计工作岗位可一人一岗、一人多岗或一岗多人。通常在小型企业中,“一岗一人”“一人多岗”现象较多;而在大中型企业,“一岗多人”的现象较多。

实际工作中,企业因所属行业、规模、发展需求不同所设置的岗位有所不同。一般性企业常见的财务岗位职责如下:

**1)出纳**

出纳工作是管理货币资金、票据和有价证券进出的一项工作。具体来讲,出纳是按照有关规定的制度,办理本单位的现金收支、银行结算及有关账务,保管库存现金、有价证券、财务印章及有关票据等工作的总称。其主要的岗位职责有:办理现金收付、银行存款及其他货币资金的结算,负责登记现金及银行存款日记账,负责保管空白收据和空白支票,以及负责编制库存现金日报表、银行存款余额调节表、资金周报表等。

**2)销售会计**

销售会计一般负责销售业务处理,包括:销售往来的核算工作,销售发票的开具工作,管理和及时记录销售业务的应收,与客户进行往来款项的核对,盘点产成品,以及与销售部门核对出货等。应编制的报表一般为销售报表、销售数据分析表和应收账款账龄分析表等。

**3)成本会计**

成本会计一般负责成本核算,主要包括日常产品出入库、领料、加工费、人工费等发票的相关信息的录入、分配和处理。一般应编制的报表有成本报表和成本分析表等。

**4)费用会计**

费用会计一般负责各项费用开支的业务处理,包括:审核各种费用单据,在预算范围内严格掌握费用开支标准,对暂借款等往来账款的催收与核算清理,以及及时与出纳核对现金账与银行存款等。一般应编制费用汇总表。

**5)税务会计**

税务会计一般负责发票的申请、购买、升版、保管、开具发票、认证各类进项抵扣发票、所得税的汇算清缴等各类税务申报及缴纳工作。

## 1.3　会计职业发展方向

### 1) 企业会计

企业会计一般分为 4 个方面:财务会计、成本和管理会计、财务管理、内部审计。

### 2) 金融机构会计

金融机构主要包括银行、证券行业和其他金融机构。职业发展方向可从事会计、信用评估、贷款审核、风险分析、理财顾问、稽核人员等。

### 3) 行政事业单位会计

政府各部门及不以盈利为目的事业单位,可从事会计和内部审计工作。

### 4) 会计师事务所会计

职业方向以签证服务、税务代理、管理咨询、会计服务为主。

会计职业发展方向见表 1.3。

**表 1.3　会计职业方向**

| | 企业会计 | 金融机构会计 | 行政事业单位会计 | 会计师事务所会计 |
|---|---|---|---|---|
| 工作岗位 | 出纳、会计员、成本会计、税务会计、内部审计员、主办会计、会计主管(经理)、财务总监、审计部经理、内部审计总监 | 银行会计和财务部门会计人员、贷款审核、信用评估、贷款风险分析、内部稽核、保险精算师、证券市场分析人员 | 政府各部门如学校、医院、福利慈善机构会计工作和内部审计工作 | 项目助理、项目经理或者资深审计员、部门经理、主任会计师 |
| 晋升路线 | 出纳—会计—会计主管—财务经理—财务总监 | — | 预算会计—预算主管—预算经理 | 审计助理—审计—经理—合伙人 |

## 1.4　财务人员职业发展阶段

### 1) 出纳—普通会计

很多刚刚毕业或初入财务行业的人触及的第一份工作就是出纳。出纳岗位相对会计工作内容较简单,主要以管理现金、银行存款收支为主。

**2)普通会计—总账会计**

当在普通会计岗位工作3~5年,积累了相对多的工作经验,对会计工作各环节也比较熟悉时,出于职业发展的需要很多少人考取了中级会计职称,这为以后的发展之路奠定了基础。总账会计更容易锻炼一个会计人员的全盘处理问题的能力。

**3)总账会计—财务主管**

在总账会计的岗位积累的工作经验,加之自身综合素质的提升,包括财务沟通能力、成本控制能力、财务分析能力、财务决策能力等,此时就具备了财务主管的职业能力。

**4)财务主管—财务总监**

财务总监是一个公司的核心岗位。要求时刻以管理者的角度和思维去考虑问题,并站在战略高度整体统筹,把握企业运作。

## 1.5 会计职业晋升证书

会计职业晋升证书如下:

①职称系列证书:初级会计职称、中级会计职称、高级会计职称。

②执业资格系列证书:注册会计师CPA、注册税务师CTA等。

③专业资格系列证书:资产评估师、经济师、审计师、统计师、金融分析师、财务策划师等。

# 第 2 章　新办企业财务实务处理

## 2.1　新办企业注册流程

新办企业注册流程如下：

①注册公司需要准备的资料。

②法人、股东身份证原件和复印件。

③公司名称(需多提供几个,以免出现重名)。

④公司注册资本及股东出资比例。

资料准备齐全后,即可前往工商局现场或登录网上办事大厅线上提交核名申请。

## 2.2　注册公司需要提供的资料

核名申请通过后,企业需要在规定时间内提供以下材料：

①房屋租赁合同。

②编写公司章程(所有股东需签名)。

③公章、财务章、法人章等。

④银行开设验资户：携带“公司章程、核名通知、法人专用章、法人身份证”到银行去开立公司验资账户,银行出具“询征函、股东缴款单”。

⑤验资报告：持“股东缴款单、询征函、公司章程、核名通知书、房屋租赁合同、房产证复印件”到会计师事务所办理验资报告[最新《中华人民共和国公司法》(简称《公司法》)2014 年 3 月 1 日施行,规定除 27 种行业以外,公司申请实行注册资本认缴登记制,由公司股东(发起人)自主约定认缴出资额、出资方式、出资比例、出资期限等,并将具体方案记到公司章程之上,公司登记时取消验资报告和注册费]。

⑥将以上资料(③除外)提交给工商部门,并领取营业执照。

## 2.3　注册成功后续事项

①到当地公安局指定的刻章地点刻公章和财务专用章。

②办理税务登记证。

③开立基本户:选择一家银行开立基本账户,同时注销验资账户。

新办企业注册流程如图 2.1 所示。

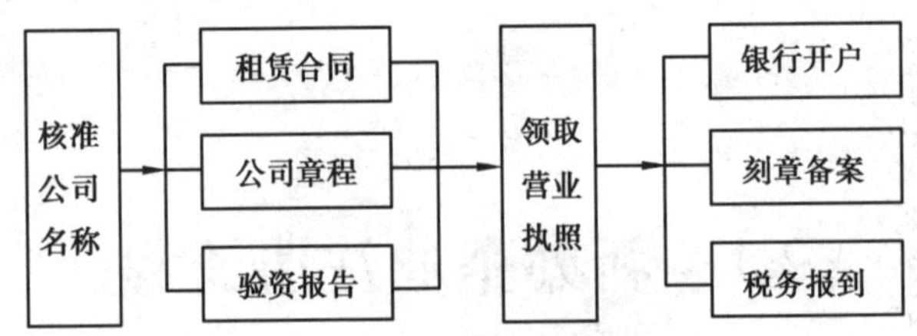


图 2.1　新办企业注册流程图

## 2.4　账务处理

企业或公司具体财务处理如下:

①新公司成立后,对收到投资者投入的资金账务处理一般分两种情况:企业实际收到投资者投入的资本金与注册资本一致;企业实际收到投资者投入的资本金与注册资本不一致。不管投资者实际出资额是否与注册资本一致,企业账务处理均为按实际收到的金额,一方面"银行存款"增加,另一方面"实收资本"增加。具体账务处理如下:

借:银行存款

　　贷:实收资本

【例 2.1】　某新成立的企业其注册资本为 225 000 元,实际收到股东资本金为 225 000元。其账务处理如下:

借:银行存款　　225 000

　　贷:实收资本　　225 000

【例 2.2】　某新成立的企业其注册资本为 225 000 元,实际收到股东资本金为 185 000 元。其账务处理如下:

借:银行存款　　185 000

　　贷:实收资本　　185 000

注意:企业实际到账金额为 185 000 元,账上的实收资本就只做 185 000 元。在营业执照上,体现注册资本是 225 000 元,企业只需按公司章程上规定的出资时间和次数,在期限截止前缴纳完毕即可。

②新办企业在申请工商注册登记前,需要提交由会计师事务所出具的验资报告。由此产生的验资费用,应计入"管理费用"。此时,企业"管理费用"增加,"库存现金(银行存款)"减少。其财务处理如下:

借:管理费用

　　贷:银行存款/库存现金

【例 2.3】　某新办企业注册资本为 3 000 000 元,为办理工商注册登记支付验资费用 1 500 元。其账务处理如下:

借:管理费用　　　　1 500

　　贷:库存现金/银行存款　　　　1 500

③当企业注销验资户,开立基本户时账务处理如下:

借:银行存款——基本户

　　贷:银行存款——验资户

公司注册资本根据公司性质不同,其最低注资额有不同的要求。公司注册资本金规定见表 2.1。

**表 2.1　公司注册资本金规定**

| 公司性质 | 注册资本最低额/万元 | 备　注 |
| --- | --- | --- |
| 有限责任公司 | 3 | 对于有限责任公司和股份有限公司,《公司法》规定,注册资本可分期缴纳,首次出资额不低于注册资本金的 20%,剩余部分两年内缴足 |
| 股份有限公司 | 500 | |
| 国际货运代理有限公司 | 500 | |
| 房地产开发有限公司 | 100 | |
| 人力资源有限公司 | 50 | |
| 劳务派遣有限公司 | 200 | |

## 2.5　新办企业税务相关事宜

### 1) 新办企业涉税业务流程

①领取营业执照后,到企业所属税务机关办理税务登记,办理纳税人资格。

②将财务会计制度、财务核算方法及财务信息系统核算软件等有关资料报送主管税务机关备案。

③向主管税务机关书面报告其全部账号(包含基本账户、一般账户及其他账户)。

④与主管税务机关签订三方协议,办理网上纳税申报系统。

⑤申请增值税防伪税控设备(一般纳税人),由金税公司提供系统培训和相关设备。

企业财务人员学习结束,凭证明材料向主管税务机关申请领取“金税卡”“IC 卡”。

⑥凭主管税务机关审核批准的发票领购簿、发票专用章印模、经办人身份证及复印件等相关材料,到国税大厅申请购买发票。

### 2)新办企业购入增值税防伪税控设备的财务处理

自 2011 年 12 月 1 日起,增值税纳税人(包含一般纳税人和小规模纳税人)初次购买增值税伪税税控设备支付的费用及缴纳的技术维护费可在增值税应纳税额中全额抵减。

**【例 2.4】** 某新成立企业为增值税一般纳税人,购入增值税防伪税控系统一套(计算机、软件、金税卡、IC 卡、读卡器等)取得增值税专用专票价格 4 500 元。其账务处理如下:

①购入设备时

借:固定资产　　4 500

　贷:银行存款　　4 500

②应抵减的增值税应纳税额

借:应交税费——应交增值税(减免税款)　　4 500

　贷:递延收益　　4 500

③该设备购入次月,企业按期计提折旧(假设该设备使用年限为 5 年,残值率为 10%)

借:管理费用　　67.5

　贷:累计折旧　　67.5

借:递延收益　　67.5

　贷:管理费用　　67.5

**【例 2.5】** 某新成立企业为增值税一般纳税人,购入增值税防伪税控系统一套企业支付技术维护费 480 元。其账务处理如下:

①费用支付时

借:管理费用　　480

　贷:银行存款/库存现金　　480

②抵减当期应缴纳的增值税税额时

借:应交税费——应交增值税(减免税款)　　480

　贷:管理费用/营业外收入　　480

注意:增值税小规模纳税人初次购进增值税防伪税控系统的会计处理同一般纳税人。

### 3)新办企业如何办理发票领购

新办企业在领取税务登记证件后,需持企业证照、经办人身份证明、法人身份证复印件、财务印章或者发票专用章的印模,向主管税务机关申请领购发票。经主管税务机关审核后,发给发票领购簿。

新企业在办理发票领购簿时，根据领购人不同，所需提供的资料也有所不同。常见情况有以下两种：

(1)法人亲自办理

①法人身份证原件及加盖公章的身份证复印件。

②营业执照副本原件(即一照一码)及复印件(复印件加盖公章)。

(2)经办人亲自办理

①加盖公章的法人身份证复印件。

②营业执照副本原件(即一照一码)及复印件(复印件加盖公章)。

③经办人身份证原件及加盖公章的身份证复印件。

注意：小规模纳税人不得领购增值税专用发票，如因业务需要企业可找税务机关代开增值税专用发票。

### 4)新办企业何时纳税申报

新成立的企业在办理增值税一般纳税人资格登记或已发生发票领用或代开情况下，即使没有经营收入或所得也应办理纳税“零”申报。

## 2.6　新办企业的税收优惠

我国的税收优惠政策一般是针对所得税来讲的，不是所有企业都享有优惠政策的。《财政部、国家税务总局关于企业所得税若干优惠政策的通知》(财税〔1994〕1 号)规定，对新办的国务院批准的高新技术企业，自开业之日起前两年免征所得税；对新办的咨询业、技术服务业企业，自开业之日起前两年免征所得税；对新办企业从事交通运输业、邮电通信类企业，自开业之日起，第一年免征所得税，第二年减半征收；对新办企业从事商业、服务业、餐饮业、教育文化事业等类企业，自开业之日起，第一年可减征或免征所得税。另企业初创期，特殊群体创业或者吸纳特殊群体就业(退役士兵、军转干部、随军家属、残疾人等)还能享受特殊的税收优惠。

## 2.7　会计信息系统认知

### 1)我国会计信息系统发展阶段

(1)第一阶段为手工会计信息系统

其特点是依靠人工进行会计数据的收集、储存、加工和传递。手工处理的缺陷较明显，低速度、低效率及高差错率。

(2)第二阶段为电算化会计信息系统

该模式正逐步取代手工会计信息系统,它是以电子计算机为媒介,运用财务软件取代人工记账、登账、核算等工作。会计电算化减轻了会计人员手工记账的工作量,大大提高了工作效率,提高了会计信息质量。

(3)第三阶段为管理信息系统

它是将财务软件逐渐向 ERP 等高度集成化的软件发展,目的是实现财务会计与管理会计的融合,实现财务业务一体化,这是目前财务管理的转型发展趋势。

### 2)常用财务软件介绍

国内常用的财务软件一般是用友、金蝶、金算盘、管家婆、浪潮、迅达等。企业选用何种财务软件必须视自身情况而定。常用财务软件适用性见表 2.2。

**表 2.2　常用财务软件适用性简表**

| 软件名称 | 适合企业类型 |
| --- | --- |
| 用友 U8 | 适合大中型生产制造企业或具有一定规模的商贸企业 |
| 用友 T3 | 适合刚进入规模化,快速发展的企业 |
| 用友 T6 | 适合进入成长期的企业 |
| 金蝶 K3 | 适合进入成长期的企业 |
| 速达 | 适合中小型商贸企业 |
| 管家婆 | 适合中小型商贸企业 |
| 金算盘 | 适合小型企业财务核算 |

# 第3章 企业常见税种之增值税

## 3.1 增值税的概念和含义

增值税是以商品(含应税劳务)在流转过程中产生的增值额作为计税依据而征收的一种流转税。增值额是指商品在生产和流转中的新增价值部分,即销售额减去购进商品所支付金额的差额部分。

【例3.1】 某增值税纳税企业销售商品一批,商品销售取得销售价款为230万元,本期购入材料的支出为170万元,增值额部分就是60万元(230万元-170万元),增值税就是对本销售事项中销售价格减掉成本价格增值的部分60万元进行缴税,如果企业为增值税一般纳税人,适用的增值税税率为17%,企业本期应纳税额为10.2万元(60万元×17%)。

但是在实际工作中,由于商品购进批次与销售批次并不一定相同,因此,在商品流转过程中针对某批商品的增值额部分较难计算,故增值税采用的是"进项税额抵扣"方法,即用销售商品的销项税额减去购进环节已纳税额(进项税)的差额部分缴纳。

【例3.2】 某增值税纳税企业销售商品一批,商品销售取得销售额为200万元,销项税额为34万元(200万元×17%),本期购入材料的成本支出为120万元,进项税额为20.4万元(120万元×17%),本期应纳增值税税额为13.6万元(34万元-20.4万元)。

## 3.2 增值税的特点

### 1)增值税是一种流转税

增值税是对商品在流转过程中增值额部分增税。就是说,它只对商品销售流转过程中没有征过税的那部分计税。它不会重复计税。

**2) 增值税属价外税**

增值税是以不含税的销售额为计税依据的。增值税专用发票的开具都会分别注明商品的价格和增值税税额部分。

**3) 纳税人实行分类管理**

按照企业销售收入大小和财务制度健全程度,纳税人可分为两种类型:一类是具有增值税销项税额可以抵扣进项税资格的一般纳税人;另一类是不可以抵扣进项税额实行的是征收率办法的小规模纳税人。

## 3.3 增值税纳税人认定标准与区别

增值税一般纳税人对外销售商品或提供劳务时可以开具增值税专用发票,购进货物取得的增值税专用发票进项税额可以申请抵扣;小规模纳税人不能开具增值税专用发票,只能使用增值税普通发票,购进货物即使取得了增值税专用发票也不能抵扣进项税。一般纳税人一经认定后,不得转为小规模纳税人,就是说一般纳税人身份一旦确定便是不可逆的。

小规模纳税人是指会计核算不健全,不能正确核算增值税的销项税额、进项税额和应纳税额,并且年销售额在规定标准以下,不能按规定报送有关税务资料的增值税纳税人。当小规模纳税人年销售额达到一般纳税人标准时,国家会自动认定为一般纳税人。增值税一般纳税人和小规模纳税人认定标准见表3.1。

**表3.1 增值税一般纳税人和小规模纳税人认定标准**

| 企业类型 | 认定标准 | 纳税人认定 |
| --- | --- | --- |
| 生产货物、提供劳务(两者兼营) | 年应税销售额大于等于50万元 | 一般纳税人 |
| | 年应税销售额小于50万元 | 小规模纳税人 |
| 商品批发或零售企业 | 年应税销售额大于等于80万元 | 一般纳税人 |
| | 年应税销售额小于80万元 | 小规模纳税人 |
| 销售服务企业 | 年应税销售额大于等于500万元 | 一般纳税人 |
| | 年应税销售额小于500万元 | 小规模纳税人 |

## 3.4　增值税适用税率

2016 年营改增过后。当前,我国增值税一般纳税人适用的常见税率为 17%,11%,6%3 档,取消了原有农业的 13%税率;小规模纳税人适用的适用的征收率为 3%和 5%(不考虑特殊规定)。增值税税率表见表 3.2。

表 3.2　增值税税率表

| 纳税人分类 | 行　业 | 税率/% | 进项税是否可抵扣 |
| --- | --- | --- | --- |
| 一般纳税人 | 销售商品、提供加工、修理修配等应税劳务 | 17 | 是 |
| | 从事交通运输、邮政、电信、建筑服务等 | 11 | 是 |
| | 信息技术、文化创意、增值电信、生活服务等 | 6 | 是 |
| | 出口货物 | 0 | 是 |
| 小规模纳税人 | 提供建筑服务和其他小规模纳税人 | 3 | 否 |
| | 不动产销售 | 5 | 否 |

## 3.5　增值税专用发票的认证

企业在购进商品、接受劳务时,取得增值税专用发票的时候需要在规定时间内到税务机关进行认证。那么,什么是增值税专用发票的认证呢?

2017 年 7 月 1 日以后,增值税专用发票的认证期限由原来的 180 天延长至 360 天。所谓认证,指的是认证专用发票抵扣联的相关信息,以计算企业应该缴纳的增值税。企业增值税应纳税额等于销售商品取得的增值税销项税额减去购进货物取得的增值税进项税额。企业购进购物取得的增值税进项发票只有通过税务机关认证审核通过之后,方能与增值税销售税进行抵扣税额。这里的进项税额,指的是企业购进货物、接受劳务时从对方单位取得的进项税票,但这张进项税发票不是取得回来直接就可以抵扣企业的进项税,需要拿到税务机关认证审核通过之后,方能进行抵扣税额。税务机关对进项税发票的真实性、合法性审核,核查的过程就是增值税专用发票认证的过程。

现阶段企业增值税专用发票认证方式一般通过网络认证。正常情况下,企业作为购买方取得的增值税专用发票应收取两联。其中,一联为记账联,企业用来记账;另一联为抵扣联,用来认证申请抵扣。增值税专用发票网上认证是指由企业财务人员将抵扣联通过扫描或人工录入抵扣联票面信息,在系统生成电子数据,通过网络上传到税务系统中,由税务机关进行审核认证。通过认证之后,方可从销项税额中抵扣进项税额,认证通常半个小时就会得到认证结果。除此以外,企业也可采取线下直接到税务局现场去认证发票。

增值税专用发票网上认证步骤如下:

①纳税人通过计算机连接网络,登录国家税务局纳税服务网站,选择纳税服务网站上的网上税局。进入“网上税局”后,选择导航栏中的“网上认证”既可进入网上认证系统登录界面。

②打开“网上认证程序”,找到“网上认证采集模块”,执行“发票扫描录入”,将需要认证的增值税专用发票抵扣联,逐一放置扫描仪中扫描采集。

③每批次扫描采集完后,执行程序界面上的“保存”,选择“网上认证程序”中“信息发送”,将待认证发票信息发送上传到国税机关,等待审核结果,及时获取成功信息后,则通过认证;如信息不符者,则认证未通过,企业需仔细查找问题原因,再执行上述步骤(也可通过手工录入校正),至此“网上认证”完成。

*注意:当月认证的发票当月必须抵扣。*

## 3.6 增值税专用发票开具

开具增值税发票的新手有时会遇到这样的问题:新购入的发票领回来后,开票系统里什么都没有,这是因为发票信息还没有读入,发票读入就是将在税务机关购入的发票信息从企业的IC卡中读入金税卡中。读取发票步骤如下:

### 1)增值税专用发票读取发票步骤

①插入金税卡,打开税控防伪开票系统,以正确的身份信息进入系统,如图3.1所示。

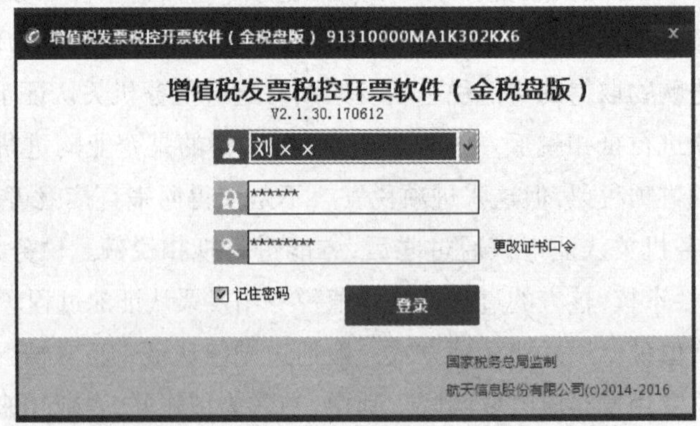


图3.1

②进入系统界面后，选择系统左侧“发票读入”菜单，读入新购发票，如图 3.2 所示。

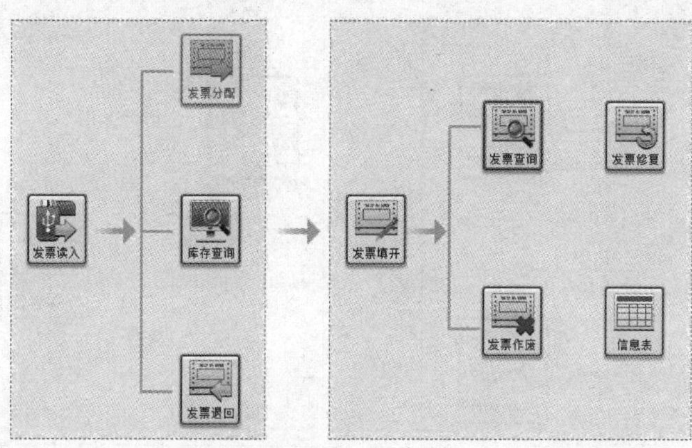


图 3.2

③出现“确认”对话框，单击“是”按钮，如图 3.3 所示。

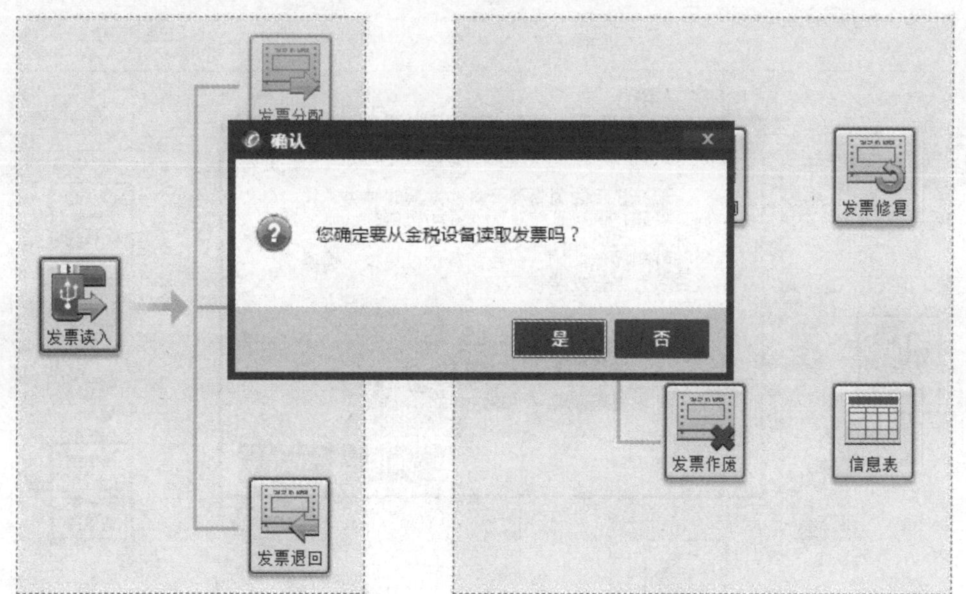


图 3.3

④再次进入开票系统，即可开具新领到的发票。

## 2) 增值税专用发票开具步骤

①单击“发票填开”按钮，如图 3.4 所示。

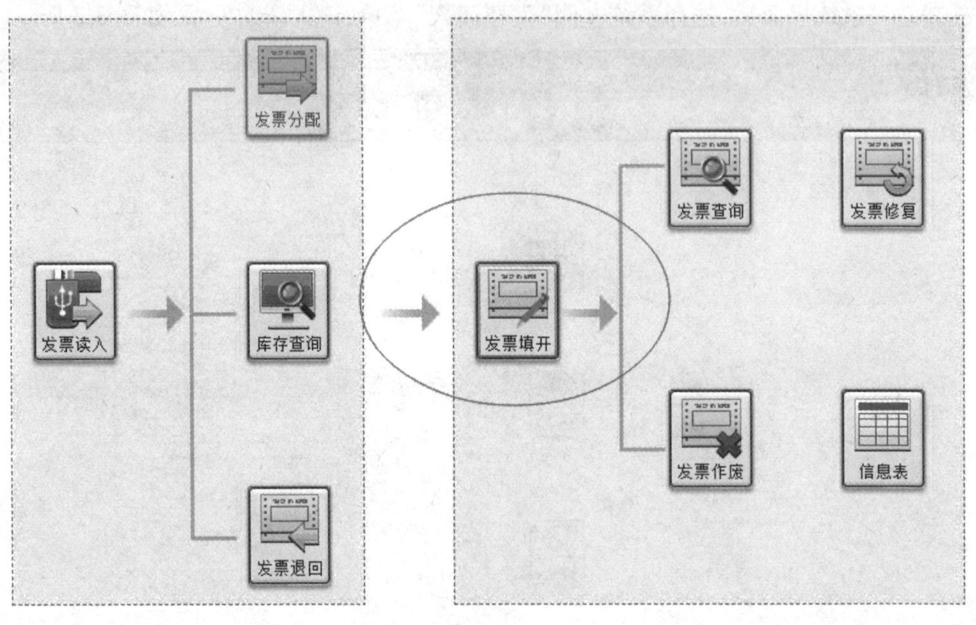


图 3.4

②核对纸质发票的种类、代码和号码是否与提示上的一致。如一致,单击“确认”按钮,如图 3.5 所示。

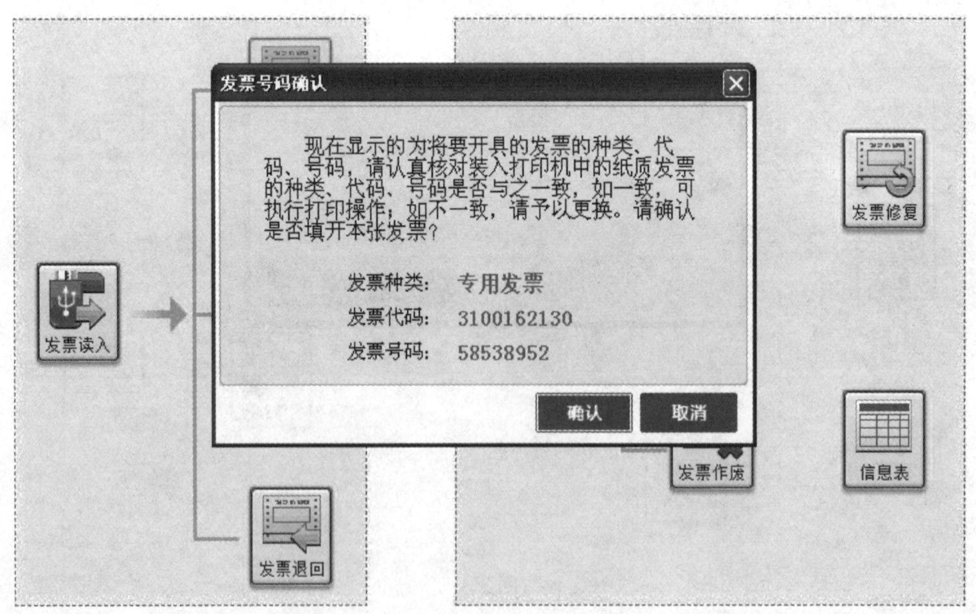


图 3.5

③根据自己的开票资料,填写增值税专用发票,如图 3.6 所示。

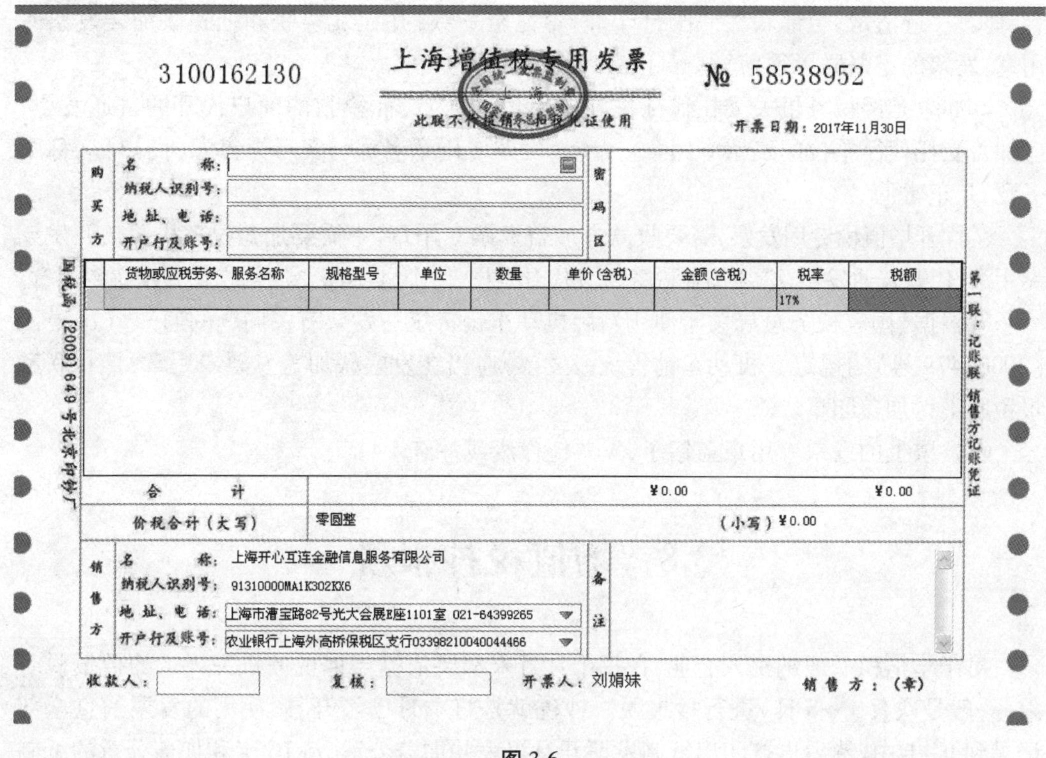

3100162130　　上海增值税专用发票　　№ 58538952

此联不作报销、扣税凭证使用　　开票日期：2017年11月30日

| 购买方 | |
|---|---|
| 名　　称： | |
| 纳税人识别号： | |
| 地址、电话： | |
| 开户行及账号： | |
| 密码区 | |

| 货物或应税劳务、服务名称 | 规格型号 | 单位 | 数量 | 单价(含税) | 金额(含税) | 税率 | 税额 |
|---|---|---|---|---|---|---|---|
| | | | | | | 17% | |
| 合　　计 | | | | | ¥0.00 | | ¥0.00 |
| 价税合计(大写) | 零圆整 | | | | (小写)¥0.00 | | |

| 销售方 | |
|---|---|
| 名　　称： | 上海开心互连金融信息服务有限公司 |
| 纳税人识别号： | 91310000MA1K302KX6 |
| 地址、电话： | 上海市漕宝路82号光大会展E座1101室 021-64399265 |
| 开户行及账号： | 农业银行上海外高桥保税区支行03398210040044466 |
| 备注 | |

收款人：　　复核：　　开票人：刘娟妹　　销售方：(章)

国税函[2009]649号北京印钞厂

第一联：记账联　销售方记账凭证

图 3.6

④填写完成保存。

⑤单击标题栏上“打印”按钮，则发票打印成功。

⑥发票开具完成。

# 3.7　增值税发票盖章规范

增值税发票盖章规定如下：

①根据《中华人民共和国发票管理办法》(中华人民共和国国务院令第 587 号)第二十二条的规定，发票应当加盖发票专用章，不可同时加盖财务专用章。

②发票上盖了发票专用章，但是盖得不清晰，可以在旁边补盖一个清晰的章，或者将发票作废或冲红。

③发票上的发票专用章盖反了(字朝下)，发票有效。

④根据《中华人民共和国发票管理办法》(中华人民共和国国务院令第 587 号)第三十五条的规定，未加盖发票专用章的，由税务机关责令改正，可以处 1 万元以下的罚款，有违法所得的予以没收。

⑤根据《中华人民共和国发票管理办法实施细则》(国家税务总局令第 37 号)第二十八条的规定，单位和个人在开具发票时，必须做到按照号码顺序填开，填写项目齐全，内

容真实,字迹清楚,全部联次一次打印,内容完全一致,并在发票联和抵扣联加盖发票专用章,发票的记账联无须盖章。

⑥如果是经税务机关委托代征税款的单位,其为代征税款的商户代开的普通发票,应加盖受托代征单位的发票专用章。此时,发票专用章名称与实际销售方(商户)名称不一致,是正常的。

⑦代开增值税专用发票,需要收款方加盖发票专用章,不需要加盖税务机关代开发票专用章;代开普通发票,必须加盖税务机关代开发票专用章,不需要加盖收款方发票专用章。

⑧根据《国家税务总局关于使用新版机动车销售统一发票有关问题的通知》(国税函〔2006〕479 号)的规定,《机动车销售统一发票》应当在发票联加盖发票专用章,抵扣联和报税联不得加盖印章。

⑨发票上的发票专用章盖错了,发票应作废或冲红。

## 3.8 增值税抄报税

对于增值税一般纳税人企业,在每个月月末都要依据当地税务机关规定的抄报税时限(一般是次月 1—8 日)进行抄报税。抄税就是将本月已经开具、使用的发票信息全部记录到 IC 卡中,然后再打印出纸制发票开具报表并加盖公章,持 IC 卡和加盖公章的纸制报表到税务机关大厅,报税机关通过 IC 卡将企业发票使用信息源读入计算机,以此作为单位税额的依据。报税指的是把抄完税的 IC 卡和打出的汇总表在国税局规定的日期内去国税局报告。一般只有抄了税才能报税,抄过税才能开具下个月的发票。

## 3.9 增值税纳税申报

增值税纳税企业每月都要进行增值税纳税申报,增值税申报方式可采用线上申报(网上申报),也可采用线下申报(税务大厅申报)。现阶段增值税纳税人普遍采用的是网上纳税申报方式,网上纳税申报是指纳税义务人在税法规定的纳税期限内,利用网络终端登录到税务机关纳税申报系统,进入系统界面按预先设定的申报表格版本填写纳税人相关涉税电子信息,并把纳税申报电子信息、数据保存发送到税务局的纳税申报受理服务器。网上纳税申报信息填写完整并传送成功后,纳税人企业可通过税务机关申报系统与银行的网络连接,将纳税人填报的网上纳税申报信息通过网络实时传递至纳税人的开户银行,银行接到指令后将直接从纳税人的账户上划缴税款,税款划缴成功后,企业财务人员可在系统打印相关纳税凭证。纳税义务人填写的增值税纳税申报表格式见表 3.3—表 3.7。

**表3.3　增值税纳税申报表**

根据国家税收法律法规及增值税相关规定制订本表。纳税人不论有无销售额，均应按税务机关核定的纳税期限填写本表，并向当地税务机关申报。

税款所属时间：自　年 月 日至　年 月 日 填表日期：　年 月 日　金额单位：人民币元(列至角、分)

<table>
<tr><td>纳税人识别号</td><td colspan="5"></td><td>所属行业</td><td></td></tr>
<tr><td>纳税人名称</td><td>(公章)</td><td>法定代表人姓名</td><td></td><td>注册地址</td><td></td><td>经营地址</td><td></td></tr>
<tr><td>开户银行<br>及账号</td><td colspan="2"></td><td>登记注<br>册类型</td><td colspan="2"></td><td>电话<br>号码</td><td></td></tr>
</table>

<table>
<tr><td colspan="2" rowspan="2">项　目</td><td rowspan="2">栏　次</td><td colspan="2">一般项目</td><td colspan="2">即征即退项目</td></tr>
<tr><td>本月数</td><td>本年累计</td><td>本月数</td><td>本年累计</td></tr>
<tr><td rowspan="10">销售额</td><td>(一)按适用税率计税销售额</td><td>1</td><td></td><td></td><td></td><td></td></tr>
<tr><td>其中：应税货物销售额</td><td>2</td><td></td><td></td><td></td><td></td></tr>
<tr><td>应税劳务销售额</td><td>3</td><td></td><td></td><td></td><td></td></tr>
<tr><td>纳税检查调整的销售额</td><td>4</td><td></td><td></td><td></td><td></td></tr>
<tr><td>(二)按简易办法计税销售额</td><td>5</td><td></td><td></td><td></td><td></td></tr>
<tr><td>其中：纳税检查调整的销售额</td><td>6</td><td></td><td></td><td></td><td></td></tr>
<tr><td>(三)免、抵、退办法出口销售额</td><td>7</td><td></td><td></td><td>—</td><td>—</td></tr>
<tr><td>(四)免税销售额</td><td>8</td><td></td><td></td><td>—</td><td>—</td></tr>
<tr><td>其中：免税货物销售额</td><td>9</td><td></td><td></td><td>—</td><td>—</td></tr>
<tr><td>免税劳务销售额</td><td>10</td><td></td><td></td><td>—</td><td>—</td></tr>
<tr><td rowspan="10">税款计算</td><td>销项税额</td><td>11</td><td></td><td></td><td></td><td></td></tr>
<tr><td>进项税额</td><td>12</td><td></td><td></td><td></td><td></td></tr>
<tr><td>上期留抵税额</td><td>13</td><td></td><td></td><td></td><td>—</td></tr>
<tr><td>进项税额转出</td><td>14</td><td></td><td></td><td></td><td></td></tr>
<tr><td>免、抵、退应退税额</td><td>15</td><td></td><td></td><td>—</td><td>—</td></tr>
<tr><td>按适用税率计算的纳税检查应补缴税额</td><td>16</td><td></td><td></td><td>—</td><td>—</td></tr>
<tr><td>应抵扣税额合计</td><td>17=12+13-14-15+16</td><td></td><td>—</td><td></td><td>—</td></tr>
<tr><td>实际抵扣税额</td><td>18(如17<11，则为17，否则为11)</td><td></td><td></td><td></td><td></td></tr>
<tr><td>应纳税额</td><td>19=11-18</td><td></td><td></td><td></td><td></td></tr>
<tr><td>期末留抵税额</td><td>20=17-18</td><td></td><td></td><td></td><td>—</td></tr>
</table>

续表

| | | | | | | |
|---|---|---|---|---|---|---|
| 税款计算 | 简易计税办法计算的应纳税额 | 21 | | | | |
| | 按简易计税办法计算的纳税检查应补缴税额 | 22 | | | — | — |
| | 应纳税额减征额 | 23 | | | | |
| | 应纳税额合计 | 24=19+21-23 | | | | |
| 税款缴纳 | 期初未缴税额(多缴为负数) | 25 | | | | |
| | 实收出口开具专用缴款书退税额 | 26 | | | — | — |
| | 本期已缴税额 | 27=28+29+30+31 | | | | |
| | ①分次预缴税额 | 28 | | — | | — |
| | ②出口开具专用缴款书预缴税额 | 29 | | — | — | — |
| | ③本期缴纳上期应纳税额 | 30 | | | | |
| | ④本期缴纳欠缴税额 | 31 | | | | |
| | 期末未缴税额(多缴为负数) | 32=24+25+26-27 | | | | |
| | 其中:欠缴税额(≥0) | 33=25+26-27 | | — | | — |
| | 本期应补(退)税额 | 34=24-28-29 | | — | | — |
| | 即征即退实际退税额 | 35 | — | — | | |
| | 期初未缴查补税额 | 36 | | | — | — |
| | 本期入库查补税额 | 37 | | | — | — |
| | 期末未缴查补税额 | 38=16+22+36-37 | | | — | — |
| 授权声明 | 如果你已委托代理人申报,请填写下列资料:<br>为代理一切税务事宜,现授权<br>(地址)　　　　为本纳税人的代理申报人,任何与本申报表有关的往来文件,都可寄予此人。<br>授权人签字: | 申报人声明 | 本纳税申报表是根据国家税收法律法规及相关规定填报的,我确定它是真实的、可靠的、完整的。<br>声明人签字: | | | |

**表 3.4　增值税纳税申报表附列资料(一)**

**(本期销售情况明细)**

税款所属时间：　　年　月　日至　　年　月　日

纳税人名称:(公章)　　　　金额单位:人民币元(列至角、分)

| 项目及栏次 | | | | 开具增值税专用发票 | | 开具其他发票 | | 未开具发票 | | 纳税检查调整 | | 合计 | | | 服务、不动产和无形资产扣除项目本期实际扣除金额 | 扣除后 | |
|---|---|---|---|---|---|---|---|---|---|---|---|---|---|---|---|---|---|
| | | | | 销售额 | 销项(应纳)税额 | 销售额 | 销项(应纳)税额 | 销售额 | 销项(应纳)税额 | 销售额 | 销项(应纳)税额 | 销售额 | 销项(应纳)税额 | 价税合计 | | 含税(免税)销售额 | 销项(应纳)税额 |
| | | | | 1 | 2 | 3 | 4 | 5 | 6 | 7 | 8 | 9=1+3+5+7 | 10=2+4+6+8 | 11=9+10 | 12 | 13=11−12 | 14=13÷(100%+税率或征收率)×税率或征收率 |
| 一、一般计税方法计税 | 全部征税项目 | 17%税率的货物及加工修理修配劳务 | 1 | | | | | | | | | | | — | — | — | — |
| | | 17%税率的服务、不动产和无形资产 | 2 | | | | | | | | | | | | | | |
| | | 13%税率 | 3 | | | | | | | | | | | — | — | — | — |
| | | 11%税率 | 4 | | | | | | | | | | | | | | |
| | | 6%税率 | 5 | | | | | | | | | | | | | | |
| | 其中：即征即退项目 | 即征即退货物及加工修理修配劳务 | 6 | — | — | — | — | — | — | — | — | | | — | — | — | — |
| | | 即征即退服务、不动产和无形资产 | 7 | — | — | — | — | — | — | — | — | | | | | | |

续表

| 项目及栏次 | | | | 开具增值税专用发票 | | 开具其他发票 | | 未开具发票 | | 纳税检查调整 | | 合计 | | | 服务、不动产和无形资产扣除项目本期实际扣除金额 | 扣除后 | |
|---|---|---|---|---|---|---|---|---|---|---|---|---|---|---|---|---|---|
| | | | | 销售额 | 销项(应纳)税额 | 销售额 | 销项(应纳)税额 | 销售额 | 销项(应纳)税额 | 销售额 | 销项(应纳)税额 | 销售额 | 销项(应纳)税额 | 价税合计 | | 含税(免税)销售额 | 销项(应纳)税额 |
| | | | | 1 | 2 | 3 | 4 | 5 | 6 | 7 | 8 | 9=1+3+5+7 | 10=2+4+6+8 | 11=9+10 | 12 | 13=11−12 | 14=13÷(100%+税率或征收率)×税率或征收率 |
| 二、简易计税方法计税 | 全部征税项目 | 6%征收率 | 8 | | | | | | | — | — | | | — | — | — | — |
| | | 5%征收率的货物及加工修理修配劳务 | 9a | | | | | | | — | — | | | — | — | — | — |
| | | 5%征收率的服务、不动产和无形资产 | 9b | | | | | | | — | — | | | | | | |
| | | 4%征收率 | 10 | | | | | | | — | — | | | — | — | — | — |
| | | 3%征收率的货物及加工修理修配劳务 | 11 | | | | | | | — | — | | | — | — | — | — |
| | | 3%征收率的服务、不动产和无形资产 | 12 | | | | | | | — | — | | | | | | |
| | | 预征率　% | 13a | | | | | | | — | — | | | | | | |
| | | 预征率　% | 13b | | | | | | | — | — | | | | | | |
| | | 预征率　% | 13c | | | | | | | — | — | | | | | | |

| | | | | | | | | | | | | | | | | | |
|---|---|---|---|---|---|---|---|---|---|---|---|---|---|---|---|---|---|
| | 其中：即征即退项目 | 即征即退货物及加工修理修配劳务 | 14 | — | — | — | — | — | — | — | — | | | — | — | — | — |
| | | 即征即退服务、不动产和无形资产 | 15 | — | — | — | — | — | — | — | — | | | | | | |
| 三、免抵退税 | 货物及加工修理修配劳务 | | 16 | — | — | | — | | — | — | — | | — | — | — | — | — |
| | 服务、不动产和无形资产 | | 17 | — | — | | — | | — | — | — | | — | | | | — |
| 四、免税 | 货物及加工修理修配劳务 | | 18 | | | | — | | — | — | — | | — | — | — | — | — |
| | 服务、不动产和无形资产 | | 19 | — | — | | — | | — | — | — | | — | | | | — |

**表 3.5　增值税纳税申报表附列资料(二)**

**(本期进项税额明细)**

税款所属时间：　　年　月　日至　　年　月　日

纳税人名称:(公章)　　　　　　　　　　　　　　　　金额单位:人民币元(列至角、分)

| 一、申报抵扣的进项税额 | | | | |
|---|---|---|---|---|
| 项目 | 栏次 | 份数 | 金额 | 税额 |
| (一)认证相符的增值税专用发票 | 1=2+3 | | | |
| 其中:本期认证相符且本期申报抵扣 | 2 | | | |
| 前期认证相符且本期申报抵扣 | 3 | | | |
| (二)其他扣税凭证 | 4=5+6+7+8 | | | |
| 其中:海关进口增值税专用缴款书 | 5 | | | |
| 农产品收购发票或者销售发票 | 6 | | | |
| 代扣代缴税收缴款凭证 | 7 | | — | |
| 其他 | 8 | | | |
| (三)本期用于购建不动产的扣税凭证 | 9 | | | |
| (四)本期不动产允许抵扣进项税额 | 10 | — | — | |
| (五)外贸企业进项税额抵扣证明 | 11 | — | — | |
| 当期申报抵扣进项税额合计 | 12=1+4-9+10+11 | | | |

| 二、进项税额转出额 | | |
|---|---|---|
| 项目 | 栏次 | 税额 |
| 本期进项税额转出额 | 13=14 至 23 之和 | |
| 其中:免税项目用 | 14 | |
| 集体福利、个人消费 | 15 | |
| 非正常损失 | 16 | |
| 简易计税方法征税项目用 | 17 | |
| 免抵退税办法不得抵扣的进项税额 | 18 | |
| 纳税检查调减进项税额 | 19 | |

续表

| 二、进项税额转出额 | | |
|---|---|---|
| 项目 | 栏次 | 税额 |
| 红字专用发票信息表注明的进项税额 | 20 | |
| 上期留抵税额抵减欠税 | 21 | |
| 上期留抵税额退税 | 22 | |
| 其他应作进项税额转出的情形 | 23 | |

| 三、待抵扣进项税额 | | | | |
|---|---|---|---|---|
| 项目 | 栏次 | 份数 | 金额 | 税额 |
| (一)认证相符的增值税专用发票 | 24 | — | — | — |
| 期初已认证相符但未申报抵扣 | 25 | | | |
| 本期认证相符且本期未申报抵扣 | 26 | | | |
| 期末已认证相符但未申报抵扣 | 27 | | | |
| 其中:按照税法规定不允许抵扣 | 28 | | | |
| (二)其他扣税凭证 | 29=30 至 33 之和 | | | |
| 其中:海关进口增值税专用缴款书 | 30 | | | |
| 农产品收购发票或者销售发票 | 31 | | | |
| 代扣代缴税收缴款凭证 | 32 | | — | |
| 其他 | 33 | | | |
| | 34 | | | |

| 四、其他 | | | | |
|---|---|---|---|---|
| 项目 | 栏次 | 份数 | 金额 | 税额 |
| 本期认证相符的增值税专用发票 | 35 | | | |
| 代扣代缴税额 | 36 | — | — | |

**表 3.6　增值税纳税申报表附列资料(三)**

**(服务、不动产和无形资产扣除项目明细)**

税款所属时间：　年　月　日至　年　月　日

纳税人名称:(公章)　　　　金额单位:人民币元(列至角、分)

| 项目及栏次 | | 本期服务、不动产和无形资产价税合计额(免税销售额) | 服务、不动产和无形资产扣除项目 | | | | |
|---|---|---|---|---|---|---|---|
| | | | 期初余额 | 本期发生额 | 本期应扣除金额 | 本期实际扣除金额 | 期末余额 |
| | | 1 | 2 | 3 | 4=2+3 | 5(5≤1且5≤4) | 6=4-5 |
| 17%税率的项目 | 1 | | | | | | |
| 11%税率的项目 | 2 | | | | | | |
| 6%税率的项目(不含金融商品转让) | 3 | | | | | | |
| 6%税率的金融商品转让项目 | 4 | | | | | | |
| 5%征收率的项目 | 5 | | | | | | |
| 3%征收率的项目 | 6 | | | | | | |
| 免抵退税的项目 | 7 | | | | | | |
| 免税的项目 | 8 | | | | | | |

**表 3.7　固定资产(不含不动产)进项税额抵扣情况表**

填表日期：　年　月　日

纳税人名称(公章)：　　　　金额单位:人民币元(列至角、分)

| 项　目 | 当期申报抵扣的固定资产进项税额 | 申报抵扣的固定资产进项税额累计 |
|---|---|---|
| 增值税专用发票 | | |
| 海关进口增值税专用缴款书 | | |
| 合　计 | | |

# 3.10　增值税专用发票丢失

增值税一般纳税人在购进货物、接受应税劳务取得的增值税专用发票是其进行进项税抵扣的依据。但实务中，买卖双方确定彼此权利义务后，在发票由一方向另一方传递的过程中，有可能会发生发票单据未收到或收到并丢失的情形。增值税专用发票一旦丢失，企业要如何处理？丢失的发票因无法取得抵扣联要如何才能认证？

增值税一般纳税人因购进货物、接受应税劳务取得的专用发票丢失后，纳税人必须接受相关主管税务机关及公安机关的处罚，同时按法规程序报失，并要刊登遗失声明，我国税法规定纳税人丢失了专用发票必须在《中国税务报》上刊登。丢失的专用发票可凭销售方提供的记账联复印件进行认证，申请进项税抵扣时可凭从销售主管税务机关出具的《丢失增值税专用发票已报税证明单》作为增值税进项税额的抵扣凭证。

### 1）丢失发票联

①纳税人丢失专用发票发票联，可以以抵扣联代替发票联到主管税务机关认证。

②纳税人丢失专用发票发票联，可以将抵扣联代替发票联作为记账凭证。

③抵扣联代替丢失的发票联，可用抵扣联复印件留存备查。

### 2）丢失抵扣联

①纳税人丢失专用发票抵扣联，可以用发票联代替抵扣联到主管税务机关认证。

②以发票联作为记账依据。

③以发票联复印件代替丢失的抵扣联留存备查。

### 3）丢失发票联和抵扣联

（1）购买方的处理方式

①购买方以销售方提供的专用发票记账联复印件到主管税务机关认证。

②销售方所在地税局出具“丢失增值税专用发票已报税证明单”。

③以记账联复印件认证通过的，凭记账联复印件和销售方所在地税局出具的“丢失增值税专用发票已报税证明单”，经购买方主管税务机关审核同意后，可作为增值税进项税额的抵扣凭证。

（2）销售方的处理方式

①提供专用发票记账联复印件。

②销售方所在地税局开具“丢失增值税专用发票已报税证明单”。

③将①和②交给购买方或购买方所在税局审核，通过后可作为增值税进项税额的抵扣凭证。

# 第4章　企业常见税种之企业所得税

## 4.1　企业所得税的概念和含义

企业所得税实务中常简称为所得税,是指对纳税义务人在某一时期由生产经营所得和其他所得为征税对象所征收的一种税。

## 4.2　企业所得税税率

目前,国家对企业所得税税率的规定如下:

①一般企业所得税的税率为25%。

②符合标准的小型微利企业简称小微企业,企业所得税减按20%的税率征收。

③国家重点扶持的高新技术企业,企业所得税减按15%的税率征收。

## 4.3　企业所得税的征收方式

我国企业所得税征收方式一般有两种,即核定征收和查账征收。

### 1)核定征收

核定征收即按收入总额计算应缴所得税额。其计算公式为

应交所得税=收入总额×税务核定固定比例×所得税税率

### 2)查账征收

查账征收即按利润计算应缴所得税额。其计算公式为

应交所得税=应纳税所得额×所得税税率

## 4.4　企业所得税纳税申报表

企业所得税纳税申报表见表 4.1—表 4.4。

表 4.1　中华人民共和国企业所得税月(季)度预缴纳税申报表

税款所属期间:　　年　月　日至　　年　月　日

纳税人识别号:

纳税人名称:　　　　　　　　　　　　　　　　金额单位:人民币元(列至角、分)

| 行　次 | 项　目 | 本期金额 | 累计金额 |
|---|---|---|---|
| 1 | 一、按照实际利润额预缴 | | |
| 2 | 营业收入 | | |
| 3 | 营业成本 | | |
| 4 | 利润总额 | | |
| 5 | 加:特定业务计算的应纳税所得额 | | |
| 6 | 减:不征税收入和税基减免应纳税所得额(请填附表 1) | | |
| 7 | 　固定资产加速折旧(扣除)调减额(请填附表 2) | | |
| 8 | 　弥补以前年度亏损 | | |
| 9 | 实际利润额(4 行+5 行-6 行-7 行-8 行) | | |
| 10 | 税率(25%) | | |
| 11 | 应纳所得税额(9 行×10 行) | | |
| 12 | 减:减免所得税额(请填附表 3) | | |
| 13 | 　实际已预缴所得税额 | — | |
| 14 | 　特定业务预缴(征)所得税额 | | |
| 15 | 应补(退)所得税额(11 行-12 行-13 行-14 行) | — | |
| 16 | 减:以前年度多缴在本期抵缴所得税额 | | |
| 17 | 本月(季)实际应补(退)所得税额 | — | |
| 18 | 二、按照上一纳税年度应纳税所得额平均额预缴 | | |
| 19 | 上一纳税年度应纳税所得额 | — | |

续表

<table>
<tr><th>行 次</th><th colspan="2">项 目</th><th>本期金额</th><th>累计金额</th></tr>
<tr><td>20</td><td colspan="2">本月(季)应纳税所得额(19 行×1/4 或 1/12)</td><td></td><td></td></tr>
<tr><td>21</td><td colspan="2">税率(25%)</td><td></td><td></td></tr>
<tr><td>22</td><td colspan="2">本月(季)应纳所得税额(20 行×21 行)</td><td></td><td></td></tr>
<tr><td>23</td><td colspan="2">减:减免所得税额(请填附表 3)</td><td></td><td></td></tr>
<tr><td>24</td><td colspan="2">本月(季)实际应纳所得税额(22 行-23 行)</td><td></td><td></td></tr>
<tr><td>25</td><td colspan="4">三、按照税务机关确定的其他方法预缴</td></tr>
<tr><td>26</td><td colspan="2">本月(季)税务机关确定的预缴所得税额</td><td></td><td></td></tr>
<tr><td>27</td><td colspan="4">总分机构纳税人</td></tr>
<tr><td>28</td><td rowspan="4">总机构</td><td>总机构分摊所得税额(15 行或 24 行或 26 行×总机构分摊预缴比例)</td><td></td><td></td></tr>
<tr><td>29</td><td>财政集中分配所得税额</td><td></td><td></td></tr>
<tr><td>30</td><td>分支机构分摊所得税额(15 行或 24 行或 26 行×分支机构分摊比例)</td><td></td><td></td></tr>
<tr><td>31</td><td>其中:总机构独立生产经营部门应分摊所得税额</td><td></td><td></td></tr>
<tr><td>32</td><td rowspan="2">分支机构</td><td>分配比例</td><td></td><td></td></tr>
<tr><td>33</td><td>分配所得税额</td><td></td><td></td></tr>
<tr><td colspan="5">是否属于小型微利企业: 是□ 否□</td></tr>
<tr><td colspan="5">谨声明:此纳税申报表是根据《中华人民共和国企业所得税法》《中华人民共和国企业所得税法实施条例》和国家有关税收规定填报的,是真实的、可靠的、完整的。<br>法定代表人(签字): 年 月 日</td></tr>
</table>

<table>
<tr><td>纳税人公章:<br>会计主管:<br><br>填表日期: 年 月 日</td><td>代理申报中介机构公章:<br>经办人:<br>经办人执业证件号码:<br>代理申报日期: 年 月 日</td><td>主管税务机关受理专用章:<br>受理人:<br><br>受理日期: 年 月 日</td></tr>
</table>

**表4.2　中华人民共和国企业所得税月(季)度预缴纳税申报表**
**不征税收入和税基类减免应纳税所得额明细表(附表1)**

金额单位:人民币元(列至角、分)

| 行　次 | 项　目 | 本期金额 | 累计金额 |
|---|---|---|---|
| 1 | 合计(2行+3行+14行+19行+30行+31行+32行+33行+34行+…) | | |
| 2 | 一、不征税收入 | | |
| 3 | 二、免税收入(4行+5行+…+13行) | | |
| 4 | 1.国债利息收入 | | |
| 5 | 2.地方政府债券利息收入 | | |
| 6 | 3.符合条件的居民企业之间的股息、红利等权益性投资收益 | | |
| 7 | 4.符合条件的非营利组织的收入 | | |
| 8 | 5.证券投资基金投资者取得的免税收入 | | |
| 9 | 6.证券投资基金管理人取得的免税收入 | | |
| 10 | 7.中国清洁发展机制基金取得的收入 | | |
| 11 | 8.受灾地区企业取得的救灾和灾后恢复重建款项等收入 | | |
| 12 | 9.其他1: | | |
| 13 | 10.其他2: | | |
| 14 | 三、减计收入(15行+16行+17行+18行) | | |
| 15 | 1.综合利用资源生产产品取得的收入 | | |
| 16 | 2.金融、保险等机构取得的涉农利息、保费收入 | | |
| 17 | 3.取得的中国铁路建设债券利息收入 | | |
| 18 | 4.其他:　(请填写或选择减免项目名称及减免性质代码) | | |
| 19 | 四、所得减免(20行+23行+24行+25行+26行+27行+28行+29行) | | |
| 20 | 1.农、林、牧、渔业项目 | | |

续表

| 行　次 | 项　目 | 本期金额 | 累计金额 |
|---|---|---|---|
| 21 | 其中:免税项目 | | |
| 22 | 减半征收项目 | | |
| 23 | 2.国家重点扶持的公共基础设施项目 | | |
| 24 | 3.符合条件的环境保护、节能节水项目 | | |
| 25 | 4.符合条件的技术转让项目 | | |
| 26 | 5.实施清洁发展机制项目 | | |
| 27 | 6.节能服务公司实施合同能源管理项目 | | |
| 28 | 7.其他 1: | | |
| 29 | 8.其他 2: | | |
| 30 | 五、新产品、新工艺、新技术研发费用加计扣除 | | |
| 31 | 六、抵扣应纳税所得额 | | |
| 32 | 七、其他 1: | | |
| 33 | 其他 2: | | |
| 34 | 其他 3: | | |

**表 4.3　固定资产加速折旧(扣除)明细表(附表 2)**

金额单位:人民币元(列至角、分)

| 行次 | 项目 | 房屋、建筑物 | | | 机器设备和其他固定资产 | | | 合计 | | | | | | | | | | |
|---|---|---|---|---|---|---|---|---|---|---|---|---|---|---|---|---|---|---|
| | | 原值 | 税收折旧(扣除)额 | | 原值 | 税收折旧(扣除)额 | | 原值 | 本期折旧(扣除)额 | | | | | 累计折旧(扣除)额 | | | | |
| | | | 本期 | 累计 | | 本期 | 累计 | | 会计折旧额 | 正常折旧额 | 税收折旧额 | 纳税调整额 | 加速折旧优惠统计额 | 会计折旧额 | 正常折旧额 | 税收折旧额 | 纳税调整额 | 加速折旧优惠统计额 |
| | | 1 | 2 | 3 | 4 | 5 | 6 | 7 | 8 | 9 | 10 | 11 | 12 | 13 | 14 | 15 | 16 | 17 |
| 1 | 一、重要行业固定资产加速折旧 | | | | | | | | | | | | | | | | | |
| 2 | 税会处理一致 | | | | | | | | | | | | | | | | | |
| 3 | 税会处理不一致 | | | | | | | | | | | | | | | | | |
| 4 | 二、其他行业研发设备加速折旧 | | | | | | | | | | | | | | | | | |
| 5 | 单价 100 万元以上专用研发设备　税会处理一致 | | | | | | | | | | | | | | | | | |
| 6 | 税会处理不一致 | | | | | | | | | | | | | | | | | |
| 7 | 三、允许一次性扣除的固定资产 | | | | | | | | | | | | | | | | | |
| 8 | (一)单价不超过 100 万元研发设备 | | | | | | | | | | | | | | | | | |
| 9 | 税会处理一致 | | | | | | | | | | | | | | | | | |
| 10 | 税会处理不一致 | | | | | | | | | | | | | | | | | |

续表

| 行次 | 项目 | 房屋、建筑物 | | | 机器设备和其他固定资产 | | | 合计 | | | | | | | | | | |
|---|---|---|---|---|---|---|---|---|---|---|---|---|---|---|---|---|---|---|
| | | 原值 | 税收折旧（扣除）额 | | 原值 | 税收折旧（扣除）额 | | 原值 | 本期折旧（扣除）额 | | | | | 累计折旧（扣除）额 | | | | |
| | | | 本期 | 累计 | | 本期 | 累计 | | 会计折旧额 | 正常折旧额 | 税收折旧额 | 纳税调整额 | 加速折旧优惠统计额 | 会计折旧额 | 正常折旧额 | 税收折旧额 | 纳税调整额 | 加速折旧优惠统计额 |
| | | 1 | 2 | 3 | 4 | 5 | 6 | 7 | 8 | 9 | 10 | 11 | 12 | 13 | 14 | 15 | 16 | 17 |
| 11 | （二）5 000 元以下固定资产 | | | | | | | | | | | | | | | | | |
| 12 | 税会处理一致 | | | | | | | | | | | | | | | | | |
| 13 | 税会处理不一致 | | | | | | | | | | | | | | | | | |
| 14 | 合计 | | | | | | | | | | | | | | | | | |

**表 4.4　中华人民共和国企业所得税月(季)度预缴纳税申报表**
**减免所得税额明细表(附表 3)**

金额单位:人民币元(列至角、分)

| 行　次 | 项　目 | 本期金额 | 累计金额 |
|---|---|---|---|
| 1 | 合计(2 行+4 行+5 行+6 行) | | |
| 2 | 一、符合条件的小型微利企业 | | |
| 3 | 其中:减半征税 | | |
| 4 | 二、国家需要重点扶持的高新技术企业 | | |
| 5 | 三、减免地方分享所得税的民族自治地方企业 | | |
| 6 | 四、其他专项优惠(7 行+8 行+9 行+…+30 行) | | |
| 7 | (一)经济特区和上海浦东新区新设立的高新技术企业 | | |
| 8 | (二)经营性文化事业单位转制企业 | | |
| 9 | (三)动漫企业 | | |
| 10 | (四)受灾地区损失严重的企业 | | |
| 11 | (五)受灾地区农村信用社 | | |
| 12 | (六)受灾地区的促进就业企业 | | |
| 13 | (七)技术先进型服务企业 | | |
| 14 | (八)新疆困难地区新办企业 | | |
| 15 | (九)新疆喀什、霍尔果斯特殊经济开发区新办企业 | | |
| 16 | (十)支持和促进重点群体创业就业企业 | | |
| 17 | (十一)集成电路线宽小于 0.8 μm(含)的集成电路生产企业 | | |
| 18 | (十二)集成电路线宽小于 0.25 μm 的集成电路生产企业 | | |
| 19 | (十三)投资额超过 80 亿元人民币的集成电路生产企业 | | |
| 20 | (十四)新办集成电路设计企业 | | |
| 21 | (十五)国家规划布局内重点集成电路设计企业 | | |
| 22 | (十六)符合条件的软件企业 | | |
| 23 | (十七)国家规划布局内重点软件企业 | | |
| 24 | (十八)设在西部地区的鼓励类产业企业 | | |
| 25 | (十九)符合条件的生产和装配伤残人员专门用品企业 | | |

续表

| 行 次 | 项 目 | 本期金额 | 累计金额 |
|---|---|---|---|
| 26 | (二十)中关村国家自主创新示范区从事文化产业支撑技术等领域的高新技术企业 | | |
| 27 | (二十一)享受过渡期税收优惠企业 | | |
| 28 | (二十二)横琴新区、平潭综合实验区和前海深港现代化服务业合作区企业 | | |
| 29 | (二十三)其他 1: | | |
| 30 | (二十四)其他 2: | | |

## 4.5 企业所得税纳税筹划

很多财务人员都想知道如何进行纳税筹划,实际上企业纳税筹划无处不在,只要稍稍用一下心,就会有迹可循。纳税筹划是指纳税义务人在合理、合法的前提下,通过对某些账务处理、项目调整以达到减轻企业税收负担的对策与安排的理财活动。纳税筹划目的旨在最大限度地减少企业纳税负担,实现企业税后利润最大化。其主要特点是目的性、专业性、计划性及不违法性。其内容包括节税、避税、税收零风险及税负转嫁。纳税筹划的最终目标是实现企业利润最大化。从法律角度看,纳税筹划不同于偷税、漏税,纳税筹划具有合法性,避税也具有合法性。

### 1) 企业所得税纳税筹划常用方法

从所得税的计算公式(应纳税额=应纳税所得税 * 所得税税率)可知,不考虑其他因素的情况下,使应纳税额最小化一般有 4 个途径:税基式筹划技术、税率式筹划技术、税额式筹划技术及延期纳税筹划技术。延期纳税筹划技术是指推迟纳税时间,是一种相对减少本期应纳税所得额的筹划方式。企业合理运用这 4 种筹划方式可以降低所得税额,减少企业税负压力。合理利用税收优惠政策就能够尽可能地获得最大税后收益。因此,企业正确理解并合理选择纳税筹划方法至关重要。它能够在法律法规允许的前提下为企业带来更大的经济效益。

(1) 税基式筹划

税基式筹划是指纳税义务人通过降低应纳税所得额而减少应纳所得税额的一种纳税筹划方法,即在税法准许的范围内,在收入一定的情况下,通过税前扣除最大可能的成本费用来降低所得税的筹划方式。在收入确定的情况下,成本费用的税前扣除额基数越大,应纳税所得就会越小,企业应纳所得税额就会越少。

(2)税率式筹划

税率式筹划是纳税义务人通过合法运用低税率,减少应纳所得税额,降低所得税支出的税收筹划方法。税率式筹划运用最广泛的是针对不同地区的税收优惠政策等进行筹划。

(3)税额式筹划

税额式筹划是税法规定对纳税义务人某些经营项目的所得直接减少应缴税金来降低纳税成本或免除纳税义务的筹划方式。税额式筹划的运用往往体现在某些地区、行业税收优惠政策中的免征或减免所得税的相关政策。税额式筹划技术包含免税技术和减税技术。免税技术是国家对一些特殊行业等给予的优惠政策,只要符合条件均可享受,纳税人应尽可能合理地获得优惠待遇并延长免税时间;减税技术是指符合一定条件的纳税人减轻纳税负担的一种纳税筹划方法。

(4)延期纳税筹划

延期纳税筹划是指纳税义务利用交易方式的不同,收入确认时间不同而进行的合法合理的延迟纳税行为。延期纳税可起到减少纳税人最近的现金支出,增加现金的机会成本,控制通货膨胀风险的作用;延期缴纳税款,可起到在相对时间内减轻企业税收负担的作用;延期纳税筹划可有效减少企业本期应纳税所得额,进而降低企业的应纳所得税额,虽然这笔税款只是在时间上推后推迟缴纳,但考虑到资金是有时间价值的,所以延期纳税从一定程度上也起到了为企业争取最大效益的机会。

### 2)常用企业所得税筹划项目

(1)广告费和业务宣传费支付筹划

①政策规定

企业发生的符合条件的广告费和业务宣传费支出,除国务院财政、税务主管部门另有规定外,不超过当年销售(营业)收入15%的部分,准予扣除;超过部分,准予在以后纳税年度结转扣除。

②筹划思路

广告费和业务宣传费支出扣除有限额规定,超过限额部分不得在企业所得税前扣除。有什么办法可以让企业的扣除限额增加呢?无非是增加企业的"当年销售(营业)收入",可是当年的销售(营业)收入不是说增加就可以增加的,有什么办法呢?如果A企业原来是将产品直接对外销售,年销售收入1亿元,若将产品以0.98亿元销售给B公司(当然B公司属于集团内公司),B公司再以1亿元对外销售,是不是"当年销售(营业)收入"就增加了0.98亿元了呢?很显然,通过这种筹划方式,对整个集团来说,是不是可供扣除的限额就增加了呢?

(2)劳务派遣人员工资支付筹划

①政策规定

按照协议(合同)约定直接支付给劳务派遣公司的费用,应作为劳务费支出。直接支付给员工个人的费用,应作为工资薪金支出和职工福利费支出。其中,属于工资薪金支出的费用,准予计入企业工资薪金总额的基数,作为计算其他各项相关费用扣除的依据。

②筹划思路

通过上述规定,我们不难发现,在与劳务派遣公司签订劳务派遣合同时,需要注意方式。如果直接支付给劳务派遣公司的费用,应作为劳务费支出。直接支付给员工个人的费用,应作为工资薪金支出和职工福利费支出。工资薪金支出可作为计算职工福利费、工会经费、职工教育经费扣除的依据。根据《劳动合同法》第五十九条规定,劳务派遣单位派遣劳动者应当与接受以劳务派遣形式用工的单位(以下称用工单位)订立劳务派遣协议。劳务派遣协议应当约定派遣岗位和人员数量、派遣期限、劳动报酬和社会保险费的数额与支付方式以及违反协议的责任。

上述的协议性质属于民事合同,只要不是法律所限制或禁止的内容,当事人都可以自行约定。那么,其中劳动报酬的支付方式,法律没有限制或禁止性的规定,也就是可以由派遣单位和用工单位自行约定,既可以支付给派遣单位,由其发放,也可以由用工单位代替派遣单位直接发放给劳动者。很显然,劳务派遣人员的工资由用工单位直接支付,对用工单位来说是有利的。

(3)固定资产大修支出比例筹划

①政策规定

根据《企业所得税法》及实施条例相关规定(之后本章提及的“税法”均指“企业所得税法”),固定资产的大修理支出是指同时符合下列条件的支出:修理支出达到取得固定资产时的计税基础50%以上;修理后固定资产的使用年限延长2年以上。符合以上条件规定的支出,按照固定资产尚可使用年限分期摊销。

②筹划思路

通过上述规定可以分析得出,只有同时满足两个条件,才需要按固定资产分期摊销。如果将大修支出超过取得固定资产时的计税基础50%以上的费用,分两次进行大修,是不是就可以避开50%的条件限制了呢?如果不同时满足规定的两个条件,企业大修所支出的费用就可在当年一次性在企业所得税前扣除,达到了递延纳税的筹划效果。

(4)固定资产折旧方式筹划

①政策规定

企业固定资产会计折旧年限如果长于税法规定的最低折旧年限,其折旧应按会计折旧年限计算扣除,税法另有规定的除外。

②筹划思路

税法在固定资产折旧方式上,有大量的优惠政策,如对生物药品制造业,专用设备制造业,铁路、船舶、航空航天和其他运输设备制造业,计算机、通信和其他电子设备制造业,仪器仪表制造业,信息传输、软件和信息技术服务业,轻工、纺织、机械、汽车等行业企业新购进的固定资产,可缩短折旧年限或采取加速折旧的方法;对所有行业企业新购进的专门用于研发的仪器、设备,单位价值不超过 100 万元的,允许一次性计入当期成本费用在计算应纳税所得额时扣除,不再分年度计算折旧。单位价值超过 100 万元的,可缩短折旧年限或采取加速折旧的方法;对所有行业企业持有的单位价值不超过 5 000 元的固定资产,允许一次性计入当期成本费用在计算应纳税所得额时扣除,不再分年度计算折旧。如果财务在进行会计核算时,没有按税法规定的折旧方式加速折旧,很显然是不能够享受加速折旧的税收优惠。那么,企业是不是就会在递延纳税上吃了哑巴亏呢?

(5)业务宣传费与业务招待费划分筹划

①政策规定

业务宣传费是指企业开展业务宣传活动所支付的费用。它主要是指未通过媒体传播的广告性支出,包括企业发放的印有企业标志的礼品、纪念品等。业务招待费是指企业为生产、经营业务的合理需要而发生的而支付的应酬费用。纳税人为生产、经营业务的需要而发生的招待形式多种多样,特别是随着现在社会的物质、精神生活的日趋丰富,招待也出现了多种多样的形式,如请客、送礼、娱乐、安排客户旅游等。

A.广告费和业务宣传费税前扣除限额

化妆品制造与销售:不超过销售(营业)收入的 30%;医药制造:不超过销售(营业)收入的 30%;饮料制造(不含酒类制造):不超过销售(营业)收入的 30%;其他行业:不超过销售(营业)收入的 15%。

B.业务招待费税前扣除限额

不超过销售(营业)收入的 0.5%,发生额的 60%。

②筹划思路

通过以上概念、扣除比例、共同之处的对比可知,如果将赠送给客户的礼品都印上企业商标或 LOGO,那么,是不是本应作为业务招待费列支的费用,便可以作为业务宣传费列支了呢?因此,在开展业务宣传与业务招待时,要准确地把握企业“礼品”的赠送形式与方式,因为它会直接影响企业的税收缴纳。

(6)企业利息支付形式筹划

①政策规定

根据《企业所得税法实施条例》第三十八条规定,企业在生产经营活动中发生的下列利息支出,准予扣除:非金融企业向金融企业借款的利息支出、金融企业的各项存款利息支出和同业拆借利息支出、企业经批准发行债券的利息支出;非金融企业向非金融企业借款的利息支出,不超过按照金融企业同期同类贷款利率计算的数额的部分。

②筹划思路

企业在生产经营的过程中,由于扩大再生产需要融资,如果通过向企业内部员工融资,而企业支付给员工的利息又高于同期同类贷款利率,利息超过部分,很显然是不能在企业所得税前扣除的。那么,企业通过在支付利息上按同期同类贷款利率支付,超过部分通过奖金的形式支付给员工,作为员工对企业作出特殊贡献的奖励,是不是就合情合理了呢?

# 4.6 企业所得税筹划案例分析

### 1)业务招待费纳税筹划

我国《企业所得税法实施条例》第四十三条规定,企业发生的与生产经营活动有关的业务招待费支出,按照当年发生额的60%扣除,但最高不得超过本年营业(销售)收入的0.5%。

**【例4.1】** A企业2016年取得营业收入10 696 000元,业务招待费支出590 000元(其中,会议费、差旅费14万元)。

A企业的业务招待费的筹划原则是:把握业务招待费税前扣除的临界点,掌握业务招待费真实性质,将不同项目产生的招待费列支到相应科目,尽可能减少或不调税前扣除额。

原方案:

允许扣除的业务招待费范围:10 696 000元×0.5%=53 480元

允许扣除的业务招待费:590 000元×60%=354 000元

因53 480元<354 000元,故需调增应纳税所得额:590 000元-53 480元=536 520元。

即调增企业所得税为536 520元×25%=134 130元。

筹划方案:

A企业在核算业务招待费时,将会议费、差旅费等计入业务招待费,这样做对公司很不利。业务招待费按经济性质区分,除可计入招待费项目,还可计入会议费、差旅费、职工福利费等项目。A企业把因会议费、差旅费产生的费用计入招待费中,无形加大了业务招待费的支出。企业只需提供会议的证明材料,如时间、地点、出席人员、费用标准、支付凭证等,即可将"会议费"列入管理费用;如差旅费,企业同样把出差人员相关凭证收录好,即可把差旅费列入管理费用。

即允许扣除的业务招待费范围:10 696 000元×5‰=53 480元

允许扣除的业务招待费:(590 000元-140 000元)×60%=270 000元

因53 480元<270 000元,故需调增应纳税所得额:450 000元-53 480元=396 520元。即调增企业所得税为216 520元×25%=54 130元。

**表4.5 A企业2016年业务招待费筹划对比一览表**

单位:元

| | 招待费账面金额 | 收入账面金额 | 招待费的60% | 收入的5‰ | 调增金额 |
|---|---|---|---|---|---|
| 筹划前 | 590 000 | 10 696 000 | 354 000 | 53 480 | 134 130 |
| 筹划后 | 450 000 | 10 696 000 | 270 000 | 53 480 | 99 130 |

筹划结果：经上述筹划，见表 4.5。因此，可节约应纳税额为 134 130 元-99 130 元=35 000元。

### 2）销售收入结算方式选择

纳税人销售商品、提供劳务取得的收入一旦确认，不管企业货款是否收回，依据税法的规定企业就会产生纳税义务，就需要缴纳税款。实务中，根据双方交易结算方式的不同，收入的确认时间也会不同。企业可根据自身情况，选择适当的销售收入结算方式，能够为税收筹划提供空间。

直接收款销售是指在收到销货款或取得凭据并且把提货单交给买方的当天确认收入。

赊销和分期收款销货方式按照合同所约定的时间确认收入。

订货销售和分期预收货款销售在交付货物的时候确认收入。

直接收款方式销售货物的不管货物是否发出都按照收到或取得销售额凭据，并把提货单交给买方的当天确认收入。

托收承付和委托银行收款方式销售的，应在交换货物并办妥手续的当天确认收入。

收入因结算方式的不同，其确认时间点也不同。因此，通过销售结算方式的不同选择，企业可以实现收入确认时间的控制。合理筹划收入所在年度，可以达到当期减税和延缓纳税的目的。在结算方式选择税收筹划时，企业往往运用在年终期间所发生的销售业务收入确认时点的筹划。

**【例 4.2】** A 企业为增值税一般纳税人，是一家生产销售企业，其对外销售一直采取银行委托收款方式。2016 年 12 月 8 日签订了一份销售合同，合同金额为 86.9 万元，成本共 58.2 万元。规定交货时间为 2017 年 1 月 8 日前，货物到后最迟于 1 月 8 日先付总货款的 40%，验收无误后，再支付总货款的 30%，1 年后，如产品无重大质量问题，余款付清。12 月 15 日，产品完工发出并办好托收手续。

原方案：

2016 年 12 月 15 日，即发出货物并办理好手续的当天，在会计上就应计入销售收入，缴纳企业所得税。缴纳的企业所得税为(869 000 元-582 000 元)×25%=71 750 元。

筹划方案：

企业采用分期收款方式，确认收入的时间为合同约定的收款日。A 公司与购买方约定第一次的收款日期为 2017 年 1 月 8 日，则 2016 年 12 月份 A 公司便不会有收入产生，所以企业便不会有需要缴纳的所得税，即 2016 年 12 月 A 企业需缴纳的企业所得税为 0。

筹划结果：经上述筹划，企业实现延期纳税，从资金的时间价值出发，筹划后为企业节约了成本，企业当期可节约应纳税额为 71 750 元。

### 3）固定资产折旧方法纳税筹划

固定资产的折旧方法主要有直线法（年限平均法）、工作量法和加速折旧法（包括年数总和法、双倍余额递减法)。税法允许企业自己选择固定资产的折旧方法(但选择加速折旧法须经过审核通过,并且选择之后不能随意变更),固定资产折旧方法的选择与运用影响企业的营业成本和利润,即这一差异为税收筹划提供了空间。

【例 4.3】 B 科技有限公司为国家高新技术企业,适用的所得税税率 15%。2015 年 12 月为了进行技术改造,新添置了一条生产线,该生产线的使用年限为 10 年。企业采用的是直线法计提折旧,生产线原值为 59 万元,预计残值为 50 000 元,则

$$折旧抵税额=税负减少额=折旧额\times所得税税率$$

原方案:

$$平均年折旧额=(固定资产原值-残值)/使用年限$$
$$=(590\ 000\ 元-50\ 000\ 元)/10=54\ 000\ 元$$

即每年的折旧额均是 54 000 万元,具体情况见表 4.6。

**表 4.6 B 公司平均年限法各年折旧计提情况**

单位:元

| 年份/项目 | 年折旧额 | 账面净值 | 折旧抵税额 |
|---|---|---|---|
| 1 | 54 000 | 536 000 | 8 100 |
| 2 | 54 000 | 482 000 | 8 100 |
| 3 | 54 000 | 428 000 | 8 100 |
| 4 | 54 000 | 374 000 | 8 100 |
| 5 | 54 000 | 320 000 | 8 100 |
| 6 | 54 000 | 266 000 | 8 100 |
| 7 | 54 000 | 212 000 | 8 100 |
| 8 | 54 000 | 158 000 | 8 100 |
| 9 | 54 000 | 104 000 | 8 100 |
| 10 | 54 000 | 50 000 | 8 100 |

筹划方案 1:采用双倍余额递减法计提折旧,见表 4.7。

其计算公式为

$$年折旧率=\frac{2}{预计折旧年限}\times100\%$$

$$年折旧额=该年年初账面净值\times年折旧率$$

表4.7　B公司双倍余额递减法各年计提折旧计提情况

单位:元

| 年　份 | 固定资产原值 | 应提折旧额公式 | 应提折旧额数值 | 累计折旧额 | 折旧抵税额 |
|---|---|---|---|---|---|
| 1 | 590 000 | 590 000×20% | 118 000.00 | 118 000.00 | 17 700.00 |
| 2 | 590 000 | (590 000-118 000)×20% | 94 400.00 | 212 400.00 | 14 160.00 |
| 3 | 590 000 | (590 000-212 400)×20% | 75 520.00 | 287 920.00 | 11 328.00 |
| 4 | 590 000 | (590 000-287 920)×20% | 60 416.00 | 348 336.00 | 9 062.40 |
| 5 | 590 000 | (590 000-348 336)×20% | 48 332.80 | 396 668.80 | 7 249.92 |
| 6 | 590 000 | (590 000-396 668.80)×20% | 38 666.24 | 435 335.04 | 5 799.94 |
| 7 | 590 000 | (590 000-435 335.04)×20% | 30 932.992 | 466 268.032 | 4 639.95 |
| 8 | 590 000 | (590 000-466 268.032)×20% | 24 746.39 | 491 014.42 | 3 711.96 |
| 9 | 590 000 | (590 000-491 014.42-50 000)/2 | 24 492.79 | 515 507.21 | 3 673.92 |
| 10 | 590 000 | (590 000-491 014.42-50 000)/2 | 24 492.79 | 540 000.00 | 3 673.92 |

筹划方案2:采用年数总和法计提折旧,见表4.8。

其计算公式为

$$\text{某年折旧率}=\frac{\text{预计使用年限}-\text{已使用年限}}{n(n+1)/2}$$

$$\text{某年折旧额}=(\text{固定资产原值}-\text{预计净残值})\times\text{年折旧率}$$

表4.8　B公司年数总和法下每年应提取折旧额

单位:元

| 年　份 | 固定资产原值 | 残值 | 尚可使用年限 | 变动折旧率 | 应提折旧额 | 累计折旧额 | 折旧抵税额 |
|---|---|---|---|---|---|---|---|
| 1 | 590 000 | 50 000 | 10 | 10/55 | 98 181.82 | 98 181.82 | 14 727.27 |
| 2 | 590 000 | 50 000 | 9 | 9/55 | 88 363.64 | 186 545.46 | 13 254.55 |
| 3 | 590 000 | 50 000 | 8 | 8/55 | 78 545.45 | 265 090.91 | 11 781.82 |
| 4 | 590 000 | 50 000 | 7 | 7/55 | 68 727.27 | 333 818.18 | 10 309.09 |
| 5 | 590 000 | 50 000 | 6 | 6/55 | 58 909.09 | 392 727.27 | 8 836.364 |
| 6 | 590 000 | 50 000 | 5 | 5/55 | 49 090.91 | 441 818.18 | 7 363.637 |
| 7 | 590 000 | 50 000 | 4 | 4/55 | 39 272.73 | 481 090.91 | 5 890.91 |

续表

| 年　份 | 固定资产原值 | 残值 | 尚可使用年限 | 变动折旧率 | 应提折旧额 | 累计折旧额 | 折旧抵税额 |
|---|---|---|---|---|---|---|---|
| 8 | 590 000 | 50 000 | 3 | 3/55 | 29 454.55 | 510 545.46 | 4 418.183 |
| 9 | 590 000 | 50 000 | 2 | 2/55 | 19 636.37 | 530 181.83 | 2 945.456 |
| 10 | 590 000 | 50 000 | 1 | 1/55 | 9 818.20 | 540 000.00 | 1 472.73 |

资金成本率是指使用资金所负担的费用与筹集资金净额之比。其计算公式为

$$资金成本率=\frac{资金占用费}{筹集资金总额-资金筹集费}\times 100\%$$

假设企业资金成本率为10%,运用直线法、双倍余额递减法和年数总和法,每年的折旧额及现值见表4.9。

**表4.9　B公司不同折旧方法下的折旧抵税额及现值**

单位:元

| | 直线法 | 双倍余额递减法 | 年数总和法 |
|---|---|---|---|
| 合计 | 81 000 | 81 000 | 81 000 |
| 现值 | 49 742.10 | 57 330.79 | 56 753.02 |

上述分析可以发现,虽然利用上面3种方法计算出来的折旧抵税额合计是相等的,但是,每一年的数额却是不相同的,这就会出现资金的现值可能会不同的现象。通过计算和对比可知,通过计算出来的折旧抵税额最少的是直线法,最多的是双倍余额递减法。

经上述筹划,双倍余额递减法较直线法可节约应纳税额为

57 330.79元-49 742.10元=7 588.69元

企业折旧方法的选取,特别是加速折旧方法的选取,应依据税法的相关规定,严格按照税法规定选择具体的折旧方法。遵循税法是筹划过程始终要遵守的原则。企业所得税纳税筹划必须以税法为准则,从企业整体效益出发,结合具体的经济环境、政策和各种相互制约的因素选择纳税筹划方案,并保持相对的可行性,最终确保企业税收筹划目标的实现。

注意:不是所有的企业都可以任意选择加速折旧方法的。我国税法规定,只有符合条件的六大行业,如药品制造业、专用设备制造业、运输设备制造业、电子设备制造业、信息技术服务业及仪器仪表制造业,且必须经当地政府科技局认证的,经过当地税务机关批准的,才能采用加速折旧的方法。企业如采用加速折旧方法,需在报送所得税申报表时附固定资产加速折旧(扣除)明细表,见表4.3。

# 第5章　个人所得税、城市维护建设税及教育费附加

## 5.1　个人所得税征税对象

个人所得税的征税对象是指对居住在中国境内取得收入,或是虽不在中国境内居住但却从中国境内取得收入的人为对象所征收的一种税。但是,个人所得税并不是每个在中国境内取得收入的人都需要缴纳。个人所得税对收入的取得有一个起征点,收入没有达到起征点标准的居民是可以不用缴纳个人所得税的。

## 5.2　个人所得税征税内容

个人所得税征税的内容如下:

①工资、薪金所得。具体包括在被聘用期间取得的工资、奖金、年终奖、分红、津贴、补助及其他与任职有关的所得。

②劳动报酬所得,即平时所说的劳务费。

③稿酬所得。

④利息、股息、红利所得。

⑤偶然所得。常见的情况为中奖、中彩以及其他偶然性的所得。

## 5.3　个人所得税适用税率及计算方法

目前,我国个人所得税的起征点是3 500元。

### 1) 工资薪金个人所得税

工资薪金指的是企业职工为企业劳动、服务企业给予的相应报酬。工资的组成一般包括基本工资、岗位工资、绩效工资等。在我国工资薪金所得扣除社保公积金后，超过3 500元的部分都要缴纳个人所得税。

工资个税的计算公式为

应纳税额=(工资薪金所得-“五险一金”-3 500)×适用税率-速算扣除数

我国对工资薪金所得实行的是7级超额累进个人所得税税率表(2011年9月1日起实行)。工资、薪金所得适用的税率表见表5.1。

表5.1 工资、薪金所得适用的税率表

| 级 数 | 全月应纳税所得额(含税级距) | 全月应纳税所得额(不含税级距) | 税率/% | 速算扣除数/元 |
|---|---|---|---|---|
| 1 | 不超过1 500元 | 不超过1 455元的 | 3 | 0 |
| 2 | 超过1 500元至4 500元的部分 | 超过1 455元至4 155元的部分 | 10 | 105 |
| 3 | 超过4 500元至9 000元的部分 | 超过4 155元至7 755元的部分 | 20 | 555 |
| 4 | 超过9 000元至35 000元的部分 | 超过7 755元至27 255元的部分 | 25 | 1 005 |
| 5 | 超过35 000元至55 000元的部分 | 超过27 255元至41 255元的部分 | 30 | 2 755 |
| 6 | 超过55 000元至80 000元的部分 | 超过41 255元至57 505元的部分 | 35 | 5 505 |
| 7 | 超过80 000元的部分 | 超过57 505元的部分 | 45 | 13 505 |

**【例5.1】** 甲企业员工王某2016年12月份工资所得为5 500元，个人缴纳的五险一金为1 000元，则

王某12月应纳税所得额=5 500元-1 000元-3 500元=1 000元

王某12月应缴个人所得税=1000元×3%-0=30元

**【例5.2】** 乙企业员工李某2016年12月份工资所得为8300元，个人缴纳的五险一金为1 500元，则

李某12月应纳税所得额=8 300元-1 500元-3 500元=3 300元

李某12月应缴个人所得税=3 300元×10%-105元=225元

由此可见，工资、薪金个人所得税的计算方法如例5.1和例5.2，其税率和速算扣除数见表5.1。

### 2) 劳务费收入个人所得税

个人因劳务所取得的收入，若每次收入所得不超过4 000元的，扣减费用800元，余额部分为应纳税所得额，适用个人所得税税率为20%；因劳务取得的收入每次超过4 000元且小于20 000元的，减除20%的费用，余额部分为应纳税所得额，适用个人所得税税率为20%；个人劳务收入所得一次性超过20 000元且不超过50 000元，减除20%的费用，余额部分为应纳税所得额，适用个人所得税税率为30%，此基础上再减除速算扣除数；个

人劳务收入所得一次性超过 50 000 元的，减除 20%的费用，余额部分为应纳税所得额，适用个人所得税税率为 40%，此基础上再减除速算扣除数。

劳务报酬所得适用的税率表见表 5.2。劳务收入个人所得税计算依据如下：

(1)收入不到 4 000 元的

应纳税所得额=收入-800 元
应纳个人所得税=应纳税所得额×20%

(2)收入超过 4 000 元且小于 20 000 元的

应纳税所得额=收入×(1-20%)
应纳个人所得税=应纳税所得额×20%

(3)收入在 20 000 元至 50 000 元的

应纳税所得额=收入×(1-20%)
应纳个人所得税=应纳税所得额×30%-2 000

(4)收入超过 50 000 元的

应纳税所得额=收入×(1-20%)
应纳个人所得税=应纳税所得额×40%-7 000

**表 5.2　劳务报酬所得适用的税率表**

| 级　数 | 全月应纳税所得额 | 税率/% | 速算扣除数/元 |
|---|---|---|---|
| 1 | 不超过 20 000 元的部分 | 20 | 0 |
| 2 | 超过 20 000 元至 50 000 元的部分 | 30 | 2 000 |
| 3 | 超过 50 000 元的部分 | 40 | 7 000 |

**【例 5.3】**　乙公司因需要技术支持从企业外部聘请王某提供临时服务，王某收取了 7 800元的劳务报酬，则王某应缴纳的个人所得税为

王某应纳税所得额=2 800 元-800 元=2000 元

王某应纳个人所得税=2 000 元×20%=400 元

**【例 5.4】**　乙公司因需要技术支持从企业外部聘请张某提供临时服务，张某收取了 6 000元的劳务报酬，则张某应缴纳的个人所得税为

张某应纳税所得额=6 000 元×(1-20%)= 4 800 元

张某应纳个人所得税=4 800 元×20%=960 元

**【例 5.5】**　乙公司因需要技术支持从企业外部聘请陈某提供临时服务，陈某收取了 30 000元的劳务报酬，则陈某应缴纳的个人所得税为

陈某应纳税所得额=30 000 元×(1-20%)= 24 000 元

陈某应纳个人所得税=24 000 元×30%-2 000 元=5 200 元

根据企业会计准则、税法及相关法律的规定，企业向外聘人员支付的劳务费，不构成企业的工资总额，应当单独记入“管理费用——劳务费”科目，为企业提供服务且以劳务

费支出的部分不用计提职工福利费、工会经费、职工教育经费,不必交纳各项社会保险金和住房公积金。

## 5.4 城建税、教育费附加及地方教育费附加

### 1)城建税

城建税是城市维护建设税的简称,是我国政府对有经营收入的单位和个人征收的一种用于加强和扩大城市维护建设而收取的税种。它是城市建设资金来源的一种途径。

### 2)城建税适用税率

在我国,城建税采用按地区差异不同比例税率,如果纳税人所在地区为城市市区的,适用税率为7%;纳税人所在地区为县城、镇的,适用税率为5%;纳税人所在地不在城市市区、县城或镇的,适用税率为1%。

**表5.3 城建税适用税率表**

| 档次 | 所在地 | 适用税率/% |
|---|---|---|
| 1 | 城市市区 | 7 |
| 2 | 县城、镇 | 5 |
| 3 | 不在市区、县城、镇 | 1 |

### 3)计税依据

城建税是以流转税为计税依据的。它以纳税人实际缴纳的增值税和消费税之和作为应纳税所得额,即

城建税应纳税额=(增值税+消费税)×适用税率

【例5.6】 A企业所在地为某市市区,本月销售商品缴纳增值税税额30 000元,该企业本月应缴纳的城建税为

应纳税额=30 000元×7%=2 100元

### 4)教育费附加和地方教育费附加

教育费附加是国家为扶持教育事业发展而征收的一种税。一些地方政府为发展地方教育事业,开征了地方教育附加费,征收比率分别为3%和2%。计税依据同城建税,仍然是以纳税人实际缴纳的增值税和消费税之和作为应纳税所得额,即

应纳税额=(增值税+消费税)×适用税率

城建税、教育费附加、地方教育附加税(费)申报表见表5.4。

**表 5.4　城建税、教育费附加、地方教育附加税(费)申报表**

税款所属期限:自　　年　月　日至　　年　月　日　填表日期:　　年　月　日

纳税人识别号

金额单位:人民币元(列至角、分)

| 纳税人信息 | 名称 | | | | | | | □单位　□个人 | | | |
|---|---|---|---|---|---|---|---|---|---|---|---|
| | 登记注册类型 | | | | | | 所属行业 | | | | |
| | 身份证件号码 | | | | | | 联系方式 | | | | |
| 税(费)种 | 计税(费)依据 | | | | | 税率(征收率) | 本期应纳税(费)额 | 本期减免税(费)额 | | 本期已缴税(费)额 | 本期应补(退)税(费)额 |
| | 增值税 | | 消费税 | 营业税 | 合计 | | | 减免性质代码 | 减免额 | | |
| | 一般增值税 | 免抵税额 | | | | | | | | | |
| | 1 | 2 | 3 | 4 | 5=1+2+3+4 | 6 | 7=5×6 | 8 | 9 | 10 | 11=7-9-10 |
| 城建税 | | | | | | | | | | | |
| 教育费附加 | | | | | | | | | | | |
| 地方教育附加 | | | | | | | | | | | |
| 合计 | — | | | | | — | | | | | |
| 以下由纳税人填写: | | | | | | | | | | | |
| 纳税人声明 | 此纳税申报表是根据《中华人民共和国城市维护建设税暂行条例》《国务院征收教育费附加的暂行规定》《财政部关于统一地方教育附加政策有关问题的通知》和国家有关税收规定填报的,是真实的、可靠的、完整的。 | | | | | | | | | | |
| 纳税人签章 | | | 代理人签章 | | | 代理人身份证号 | | | | | |
| 以下由税务机关填写: | | | | | | | | | | | |
| 受理人 | | | 受理日期 | 年　月　日 | | 受理税务机关签章 | | | | | |

注:1.本表一式两份,一份纳税人留存,一份税务机关留存。

2.减免性质代码:减免性质代码按照国家税务总局制订下发的最新《减免性质及分类表》中的最细项减免性质代码。

# 第 6 章　企业常用发票知识

发票是一种具有法律效力的单据。它是指单位或个人在商品交易、提供或接受劳务以及其他经济活动中取得的事项交易凭证。发票是会计核算的原始凭证,也是审计机关、税务机关执法检查的重要依据。

## 6.1　发票的种类

### 1) 增值税专用发票

增值税专用发票适用于一般纳税人。纳税人只有具有一般纳税人资格才有权利开具增值税专用发票。专用发票一般一式三联,分别为:第一联,记账联(销售方用来记账的凭据);第二联,发票联(购货方用来记账的凭据);第三联,抵扣联(购货方用来拿到税务主管部门抵扣的依据)。增值税一般纳税人购进货物取得的专用发票可以抵扣,增值税一般纳税人收到的 2017 年 7 月 1 日及以后开具的专用发票应自开具之日起 360 日内认证,并在认证的次月向主管税务机关申请抵扣进项税额,否则过期将不予抵扣。

常用增值税专用发票开票金额一般有千元版、万元版、十万元版。千元版增值税专用发票金额最高可开具 9 999.99 元(不含税金额),万元版增值税专用发票金额最高可开具 99 999.99 元(不含税金额),十万元版增值税专用发票金额最高可开具999 999.99元(不含税金额)。增值税专用发票样式如图 6.1 所示。

### 2) 增值税普通发票

增值税普通发票适用于一般纳税人和小规模纳税人。增值税普通发票一般一式两联,与专用发票相比缺少了抵扣联。普通发票:第一联,记账联(销售方用来记账的凭据);第二联,发票联(购货方用来记账的凭据)。增值税普通发票与增值税专用发票最大的区别是增值税普通发票不能抵扣。增值税普通发票样式如图 6.2 所示。

3100162130　　**上海增值税专用发票**　　№ 58538952

此联不作报销、扣税凭证使用　　开票日期：2017年11月30日

| 购买方 | 名　　称： | 密码区 |
|---|---|---|
| | 纳税人识别号： | |
| | 地址、电话： | |
| | 开户行及账号： | |

| 货物或应税劳务、服务名称 | 规格型号 | 单位 | 数量 | 单价(含税) | 金额(含税) | 税率 | 税额 |
|---|---|---|---|---|---|---|---|
| | | | | | | 17% | |
| 合　　计 | | | | | ¥0.00 | | ¥0.00 |
| 价税合计(大写) | 零圆整 | | | | (小写) ¥0.00 | | |

| 销售方 | 名　　称：上海开心互连金融信息服务有限公司 | 备注 |
|---|---|---|
| | 纳税人识别号：91310000MA1K302KX6 | |
| | 地址、电话：上海市漕宝路82号光大会展E座1101室 021-64399265 | |
| | 开户行及账号：农业银行上海外高桥保税区支行03398210040044466 | |

收款人：　　复核：　　开票人：刘娟妹　　销售方：(章)

国税函〔2009〕649号北京印钞厂

第一联：记账联　销售方记账凭证

图 6.1　增值税专用发票样式

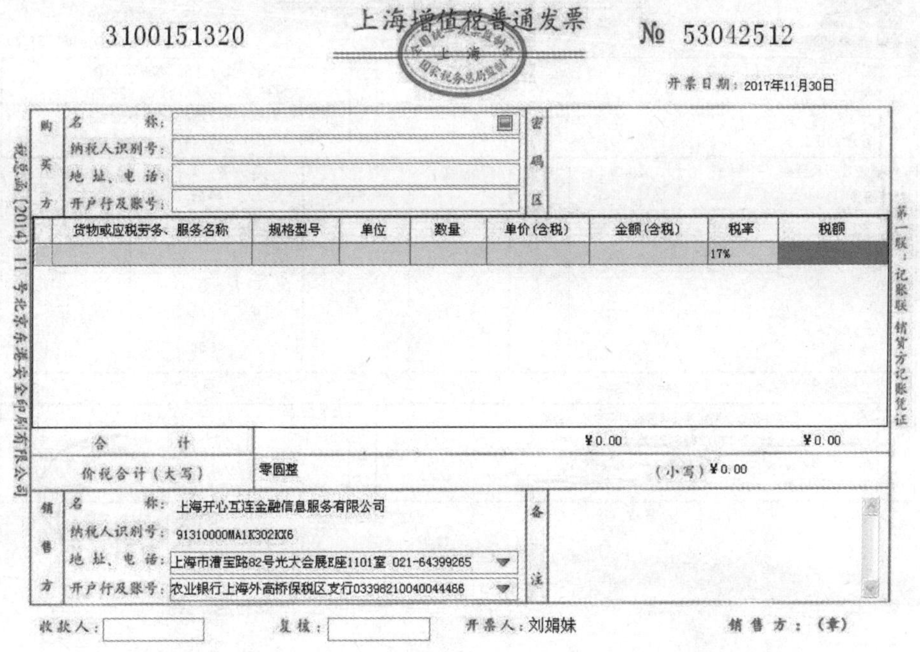

3100151320　　**上海增值税普通发票**　　№ 53042512

开票日期：2017年11月30日

| 购买方 | 名　　称： | 密码区 |
|---|---|---|
| | 纳税人识别号： | |
| | 地址、电话： | |
| | 开户行及账号： | |

| 货物或应税劳务、服务名称 | 规格型号 | 单位 | 数量 | 单价(含税) | 金额(含税) | 税率 | 税额 |
|---|---|---|---|---|---|---|---|
| | | | | | | 17% | |
| 合　　计 | | | | | ¥0.00 | | ¥0.00 |
| 价税合计(大写) | 零圆整 | | | | (小写) ¥0.00 | | |

| 销售方 | 名　　称：上海开心互连金融信息服务有限公司 | 备注 |
|---|---|---|
| | 纳税人识别号：91310000MA1K302KX6 | |
| | 地址、电话：上海市漕宝路82号光大会展E座1101室 021-64399265 | |
| | 开户行及账号：农业银行上海外高桥保税区支行03398210040044466 | |

收款人：　　复核：　　开票人：刘娟妹　　销售方：(章)

税总函〔2014〕11号北京东港安全印刷有限公司

第一联：记账联　销货方记账凭证

图 6.2　增值税普通发票样式

### 3)其他发票

(1)机动车销售发票

企业取得机动车销售发票一般计入固定资产,并且固定资产的进项税额可以抵扣,自取得发票的次月按月计提折旧。

(2)餐饮娱乐业发票(卷式机打发票)

餐饮业发票属服务业发票。企业取得此发票时,应根据部门用途不同一般计入管理费用或销售费用。

(3)定额发票

定额发票适用于开票金额较小行业,常见于交通运输业的客票、停车业、洗车等行业。企业取得此发票时,一般应根据部门用途不同计入管理费用或销售费用。

(4)电子发票

电子发票也称增值税电子普通发票,是一种以电子方式储存的凭证,可以打印,也可以不打印,以电子形式对发票存档。电子发票是伴随电子商务产业的兴起应运而生的。电子发票是从 2016 年 12 月 1 日起在全国范围推行。它突破了传统纸制发票的概念,但却与纸制发票具有相同的法律效力。增值税电子普通发票样式如图 6.3 所示。

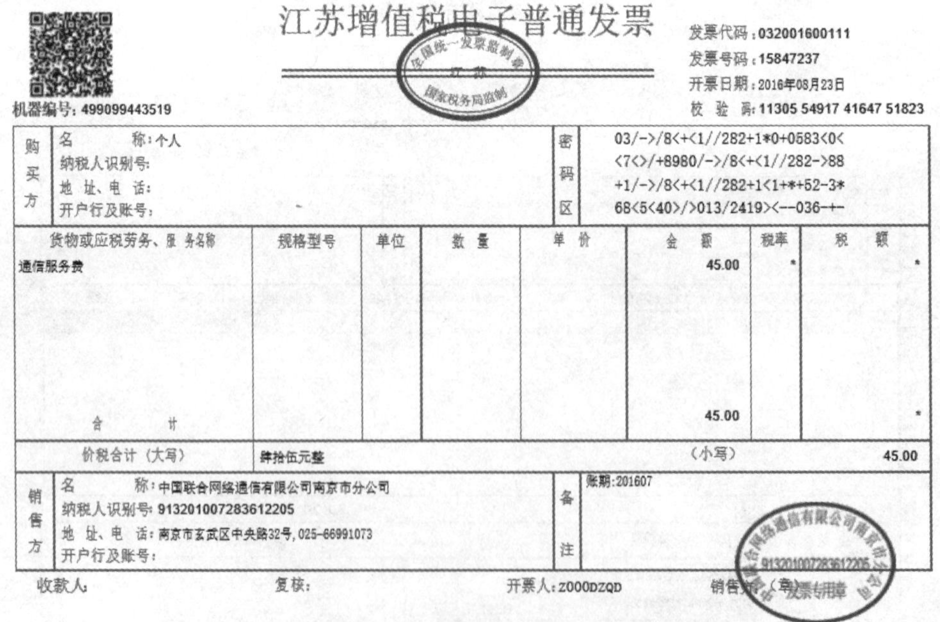

江苏增值税电子普通发票

机器编号:499099443519

发票代码:032001600111
发票号码:15847237
开票日期:2016年08月23日
校 验 码:11305 54917 41647 51823

购买方
名 称:个人
纳税人识别号:
地 址、电 话:
开户行及账号:

密码区
03/->/8<+<1//282+1*0+0583<0<
<7<>/+8980/->/8<+<1//282->88
+1/->/8<+<1//282+1<1+*+52-3*
68<5<40>/>013/2419><--036-+-

| 货物或应税劳务、服务名称 | 规格型号 | 单位 | 数量 | 单价 | 金额 | 税率 | 税额 |
|---|---|---|---|---|---|---|---|
| 通信服务费 | | | | | 45.00 | * | * |
| 合计 | | | | | 45.00 | | * |
| 价税合计(大写) | 肆拾伍元整 | | | | (小写) | | 45.00 |

销售方
名 称:中国联合网络通信有限公司南京市分公司
纳税人识别号:913201007283612205
地 址、电 话:南京市玄武区中央路32号,025-66991073
开户行及账号:

备注:账期:201607

收款人: 复核: 开票人:Z000DZQD 销售方:(章)

图 6.3 增值税电子普通发票样式

## 6.2　发票代码知识

发票代码是税务部门给予发票的编码。企业在系统查询发票真伪时,需输入发票代码。普通发票就是通常说的手工版发票,其代码为12位。增值税专用发票和增值税普通发票的代码为10位。

**1)普通发票代码含义**

第1位代码代表国税或地税(1为国税,2为地税),即国税发票一定是1开头的,地税发票一定是2开头的。第2—5位代码分别代表行政区域,其中,第2,3位代码是省或直辖市行政区域代码。第4,5位代码是地级市区行政区域代码。第6,7位代码为年份代码。第8位代码为行业代码。第9,10位代码为发票种类代码。第11,12位代码为批次号。

**2)增值税发票(包括专用发票及普通发票)代码的含义**

第1—4位代码为行政区划代码,第5—6位代码为年份,第7位代码为印刷批次,第8位代码为文字版,第9位代码为联次,第10位代码为金额版。

## 6.3　发票真伪查询

**1)税务官网查询**

查询发票的真伪首先要确认发票是国税印制监管还是地税印制监管。发票的归属可以从发票印章区分,如印章盖有“××国家税务局监制”字样,可到归属地区的国家税务局网站查询;如印章盖有“××地方税务局监制”字样,可到归属地区的地方税务局网站查询。

**2)网络查询**

通过网络进入“发票真伪查询或是友商发票查询系统”,并输入“发票代码”和“发票号码”即可查询。

**3)电话查询**

可拨打(区号+12366)全国统一的纳税服务热线进行查询。

**4)手机查询**

手机上通过安装“友商发票查询”查询软件,并输入“发票代码”和“发票号码”,即可查询相关信息。

# 第 7 章　企业常用财务指标

财务指标是用来分析和总结企业日常经营财务状况与经营成果的经济指标。

## 7.1　常用财务指标分类

企业常用财务指标一般从 4 个方面分析，即偿债能力指标、运营能力指标、获利能力指标及发展能力指标。实务中，对营运能力、偿债能力的分析较为普遍。

### 1）偿债能力指标

偿债能力是指偿还债务的能力。它包括短期偿债能力和长期偿债的能力。看一个企业是不是能够正常地生存和发展下去，其实看的就是它偿还债务的能力如何，现金支付与债务能力强不强大。企业偿债能力，从静态角度来讲，其实是用企业自己的资产偿付企业债务的能力；从动态角度来讲，是指企业在生产经营的过程中用赚取的收益偿还债务的能力。因此，企业的经营现状和财务状况可通过企业的偿债能力表现出来。下面从企业长期、短期偿债能力相关的理论进行概述。

（1）短期偿债能力指标

①流动比率

流动比率是指流动资产与流动负债之间的比率。它表明的是每 1 元流动负债可以有多少流动资产来偿还。它能大概估量企业在某个时点对到期债务偿还能力的强弱。一般情况下，流动比率越高，表明企业短期偿债能力越强。从债权人角度来看，流动比率越高越好；从企业经营者角度看，过高的流动比率意味着企业的资金利用率不高，机会成本可能增加或获利能力下降。其计算公式为

$$流动比率=\frac{流动资产}{流动负债}$$

一般，流动比率的指标标准值为 2。当企业的流动比率在 2∶1 以上时，该指标越高，表明公司偿还债务的能力越强，它所面对的短期流动风险越小，债权人获得还款的安全

程度越好;反之,则越弱。

②速动比率

速动比率是指企业的速动资产与流动负债的比率。在计算速动比率时,应减去存货和预付账款,是因为存货是流动资产中变现能力最慢的资产,预付账款,只能减少企业未来的现金支出,其流动性很低。一般情况下,速动比率越高,企业偿债能力越强;但却会因企业现金及应收账款占用过多而大大增加企业的机会成本。因此,速动比率计算公式为

$$速动比率=\frac{速动资产}{流动负债}\times 100\%$$

其中

$$速动资产=货币资金+交易性金融资产+应收账款+应收票据$$

与流动比率类似,企业的速动比率太高或太低都不太好。一般速动比率的标准为1∶1。当速动比率大于1时,资金流动性好,短期偿债能力强;反之,则越弱。

③现金比率

现金比率是指现金类资产对流动负债的比率。它表示每1元流动负债的经营现金流量保障程度,反映了企业直接支付流动负债的能力。其计算公式为

$$现金比率=\frac{货币资金+有价证券}{流动负债}$$

由于现金是流动性最强的资产,因此,这一比率最能直接反映企业的短期偿债能力。通常这一比率应保持在0.2左右。越是低于0.2,说明企业短期偿债能力越弱;反之,则越强。

### (2)长期偿债能力指标

资产负债率也称负债比率,就是计算企业的负债总额占资产总额比重。这个指标能清晰地反映企业的资金来源中有多少是通过举债所得的资金。一般情况下,资产负债率越低,表明企业长期偿债能力越强。事实上,判断资产负债率是否合理,还要看站在谁的立场上。从债权人的立场来看,肯定是债务比率越低越好,这样可确保企业有足够的偿债能力,债权人的借债风险不会有太大;从股东的角度来看,肯定是负债比率越高越好,这样便可得到举债经营的杠杆利益。

资产负债率的计算公式为

$$资产负债率=\frac{负债总额}{总资产}\times 100\%$$

一般情况下,资产负债率的标准值是0.5。该指标越大时,说明企业的债务负担越重,其长期偿债能力较弱;该指标越小时,说明企业的债务负担较轻,对债权人利益就越有保障,企业的长期偿债能力越强。

### 2)营运能力指标

运营能力是指企业运用各种资产创造利润的能力。它主要用各项资产的周转速度来衡量。一般来说,资产周转速度越快,其使用效率越高,则运营能力越强。资产周转速度通常用周转率和周转天数来表示。其计算公式为

$$周转率(周转次数)=\frac{周转额}{资产平均余额}$$

$$周转期(周转天数)=\frac{计算期天数}{周转次数}$$

实务中,营运能力指标常体现在对应收账款的分析中。现行企业一般采用信用销售来增加竞争力,企业应收账款管理自然也成为企业往来核算中重要的关注点。

## 7.2 偿债能力案例分析

### 1)K 上市公司的基本情况

K 上市公司是一家成立时间超过 20 年的乳品公司,拥有良好的口碑,给国民的餐桌提供了营养美味的乳制品,是我国迄今为止产品种类最多、生产规模最大的乳制品制造企业,也是目前在全球范围内数一数二的龙头企业之一。K 上市公司 2013—2015 年相关报表见表 7.1、表 7.2。

**表 7.1 K 上市公司 2013—2015 年资产负债表简表**

单位:万元

| 项 目 | 2013 年 | 2014 年 | 2015 年 |
|---|---|---|---|
| 流动资产: | | | |
| 货币资金 | 334 174.26 | 392 112.88 | 200 419.65 |
| 应收票据 | 2 250.00 | 10 581.00 | 13 095.00 |
| 应收账款 | 25 722.28 | 28 127.05 | 28 929.76 |
| 预付账款 | 123 950.92 | 83 492.54 | 64 782.96 |
| 应收利息 | 0 | 1 028.01 | 480.28 |
| 其他应收款 | 11 298.34 | 26 444.26 | 13 557.87 |
| 存货 | 258 365.44 | 330 958.55 | 299 464.04 |
| 流动资产合计 | 755 761.24 | 872 744.29 | 620 729.56 |

续表

| 项　目 | 2013 年 | 2014 年 | 2015 年 |
|---|---|---|---|
| 非流动资产： | | | |
| 非流动资产合计 | 780 471.15 | 1 120 205.76 | 1 360 810.48 |
| 资产总计 | 1 536 232.39 | 1 992 950.05 | 1 981 540.04 |
| 流动负债： | | | |
| 短期借款 | 269 783.39 | 298 529.06 | 257 779.35 |
| 应付票据 | 17 540.00 | 14 182.09 | 0 |
| 应付账款 | 370 427.25 | 437 872.95 | 436 120.09 |
| 预收账款 | 192 339.66 | 305 249.46 | 259 881.73 |
| 流动负债合计 | 1 019 850.01 | 1 286 579.10 | 1 147 789.60 |
| 非流动负债： | | | |
| 非流动负债合计 | 65 178.88 | 75 823.67 | 81 252.07 |
| 负债合计 | 1 085 028.89 | 1 362 402.77 | 1 229 041.67 |
| 所有者权益： | | | |
| 所有者权益(股东权益)合计 | 451 203.53 | 630 547.28 | 752 498.37 |
| 负债和所有者权益合计 | 1 536 232.39 | 1 992 950.05 | 1 981 540.04 |

**表 7.2　K 上市公司 2013—2015 年利润表简表**

单位:万元

| 项　目 | 2013 年 | 2014 年 | 2015 年 |
|---|---|---|---|
| 一、营业收入 | 2 966 498.73 | 3 745 137.22 | 4 199 069.21 |
| 其中:主营业务收入 | 2 954 520.00 | 3 726 551.25 | 4 173 612.40 |
| 其他业务收入 | 11 978.73 | 18 585.97 | 25 456.81 |
| 减:营业成本 | 2 068 630.88 | 2 648 566.62 | 2 950 494.92 |
| 税金及附加 | 8 878.49 | 23 392.23 | 25 047.97 |
| 销售费用 | 680 706.73 | 729 095.54 | 777 771.28 |
| 管理费用 | 152 180.91 | 197 169.37 | 281 068.57 |

续表

| 项　目 | 2013 年 | 2014 年 | 2015 年 |
|---|---|---|---|
| 财务费用 | −2 170.75 | −5 015.94 | 5 015.63 |
| 其中:利息费用 | 5 470.60 | 10 347.68 | 10 030.94 |
| 资产减值损失 | −1 119.57 | 2 911.26 | 1 157.38 |
| 加:公允价值变动收益 | | | |
| 投资收益 | 1 276.75 | 25 482.47 | 2 752.41 |
| 二、营业利润 | 60 568.79 | 174 600.61 | 161 565.87 |
| 加:营业外收入 | 30 336.14 | 42 232.10 | 50 288.80 |
| 减:营业外支出 | 5 542.58 | 3 191.10 | 3 178.47 |
| 三:利润总额 | 85 362.35 | 213 641.61 | 208 676.20 |
| 减:所得税费用 | 5 786.08 | 30 397.89 | 35 074.00 |
| 四、净利润 | 79 576.27 | 183 243.72 | 173 602.20 |

### 2)K 上市公司发展情况分析

从表 7.1 可知,K 上市公司的资产总额由 2013 年的 1 536 232.39 万元增加到 2015 年的1 981 540.04万元,资产总额增加了 445 307.65 万元,说明企业的财力还是很雄厚的。通过表 7.2 可得出,K 上市公司的主营业务收入连年增长,2013 年主营业务收入为2 954 520.00万元,而到 2014 年实现主营业务收入 3 726 551.25 万元,较上年增长26.13%;2015 年主营业务收入达到 4 173 612.40 万元,较上年增长 12%。由此可知,K 上市公司的经济效益可观。

### 3)K 上市公司偿债能力分析

#### (1)短期偿债指标计算

2013 年流动比率=755 761.24 万元÷1 019 850.01 万元=0.74

2013 年速动比率=(755 761.24 万元−258 365.44 万元−123 950.92 万元)÷1 019 850.01 万元=0.37

2013 年现金比率=334 174.26 万元÷1 019 850.01 万元=0.33

2014 年、2015 年相关比率计算方法同 2013 年,经计算得出 K 上市公司短期偿债能力指标数据见表 7.3。

表 7.3　K 上市公司短期偿债能力财务指标分析数据

| 短期偿债能力指标 | 2013 年 | 2014 年 | 2015 年 |
|---|---|---|---|
| 流动比率 | 0.74 | 0.67 | 0.53 |
| 速动比率 | 0.37 | 0.35 | 0.21 |
| 现金比率 | 0.33 | 0.29 | 0.16 |

(2)短期偿债能力分析

由上表 7.3 可知,K 上市公司在 2013—2015 年这 3 年间,流动比率和速动比率这两个财务指标一直呈下降趋势,并且数值都不到 1,速动比率更是在 2015 年降到了 0.21。一般流动比率标准为 2∶1,速动比率为 1∶1 时是最合适的。但是,从上述计算出的数据看,这两个指标离标准值太远,所以能够推断出 K 上市公司短期偿债能力较弱。接下来,我们要看的是现金比率,在 2013 年和 2014 年时它的比率都大于 0.2,说明企业的直接支付能力不会有太大问题。但到了 2015 年,现金比率降到 0.16,低于标准值 0.2。因此,2015 年现金流对负债的保障依然很低,企业的短期偿债能力需改进。

分析完 3 个短期偿债能力指标所得出的结论都是一致的,即 K 上市公司短期偿债能力较弱,变现能力强的货币资金太少,短期偿还债务的风险较大,这种情况对债权人很不利,企业需要多加注意,可能会有偿还债务不及时的危险,容易造成信用危机。

(3)长期偿债指标计算

同样,通过表 7.1 和表 7.2 计算可得出 K 上市公司长期偿债能力财务指标数据。其具体指标见表 7.4。

表 7.4　K 上市公司长期偿债能力财务指标分析数据

| 长期偿债能力财务指标 | 2013 年 | 2014 年 | 2015 年 |
|---|---|---|---|
| 资产负债率 | 0.73 | 0.67 | 0.61 |
| 股东权益比率 | 0.29 | 0.32 | 0.38 |
| 利息保障倍数 | 16.60 | 21.65 | 21.80 |

(4)长期偿债指标分析

从表 7.4 可知,K 上市公司 2013 年资产负债率是 3 年中最高的,达到了 0.73,2014 年、2015 年虽然指标值有所下降,但是仍然高于国际标准值 0.5,并且通过观察表 7.4 的股东权益比率和资产负债率可知,在这 3 年间企业资产只有 30%~40%是来源于所有者投资,60%~70%则通过负债取得。说明该企业是一种负债经营的模式,企业负债较多。长期偿债能力越弱,对于企业来说一直承担着这么大的债务负担,其实是想通过扩大举债规模使企业获得较多的财务杠杆利益。但是,企业这么做财务风险较大。如果后期经营不善,公司就会面临无法偿还到期债务甚至破产的危险,并且过高的指标也会影响企业的筹资能力。因此,资产负债率指标高于0.5时,企业应当引起高度重视。

## 7.3 营运能力指标案例分析

A公司成立于2010年,注册资本100万元人民币,A公司是主要从事集节能设备销售、计算机软硬件销售、易捷卡销售、电话卡充值等于一体的多元化企业。A公司以"重视创新,强调技术,突出服务"为使命,不断开拓进取,视品质、服务、效益为企业使命,奉行专业、诚信、开放、共赢的理念,与多省的客户建立了良好的合作,业务遍布广西、广东、贵州、四川、河南、河北、山东等省市。表7.5—表7.10为A公司应收账款相关信息情况表。

**表7.5 2012—2016年A公司应收账款占流动资产比例表**

| 项　目 | 2012年 | 2013年 | 2014年 | 2015年 | 2016年 |
|---|---|---|---|---|---|
| 应收账款总额/元 | 483 352.04 | 965 007.36 | 1 582 574.95 | 2 041 769.12 | 2 749 155.48 |
| 流动资产总额/元 | 965 007.36 | 5 078 986.11 | 4 816 113.66 | 6 716 345.79 | 6 840 396.81 |
| 比例/% | 50.09 | 19.00 | 32.86 | 30.40 | 40.19 |

**表7.6 A公司应收账款账龄表**

单位:元

| 年　限 | 应收账款 |
|---|---|
| 1年以内 | 1 166 580.53 |
| 1年以内小计 | 1 166 580.53 |
| 1~2年 | 711 787.59 |
| 2~3年 | 500 000 |
| 3~4年 | 0 |
| 4~5年 | 216 787.36 |
| 5年以上 | 154 000 |
| 合计 | 2 749 155.48 |

**表7.7 2012—2016年A公司应收账款增幅表**

| 年　份 | 应收账款总额/元 | 环比增长数/元 | 增幅比例/% |
|---|---|---|---|
| 2012 | 483 352.04 | | |
| 2013 | 965 007.36 | 481 655.32 | 99.65 |

续表

| 年　份 | 应收账款总额/元 | 环比增长数/元 | 增幅比例/% |
|---|---|---|---|
| 2014 | 1 582 574.95 | 617 567.59 | 64 |
| 2015 | 2 041 769.12 | 459 194.17 | 29.02 |
| 2016 | 2 749 155.48 | 707 386.36 | 34.65 |

**表 7.8　A 公司 2016 年计提的坏账准备**

| 年　份 | 期末余额 | | |
|---|---|---|---|
| | 应收账款/元 | 坏账准备/元 | 计提比例/% |
| 1 年以内 | 1 166 580.53 | 58 329.026 5 | 5 |
| 1~2 年 | 711 787.59 | 71 178.759 | 10 |
| 2~3 年 | 500 000 | 75 000 | 15 |
| 3~4 年 | 0 | 0 | 20 |
| 4~5 年 | 216 787.36 | 54 196.84 | 25 |
| 5 年以上 | 154 000 | 46 200 | 30 |
| 合计 | 2 749 155.48 | 304 904.625 5 | 11.09 |

**表 7.9　A 公司 2012—2016 年债资比表**

| 年　份 | 资产总额/元 | 负债总额/元 | 债资比/% |
|---|---|---|---|
| 2012 | 2 175 007.36 | 500 251.692 8 | 23 |
| 2013 | 2 459 831.28 | 993 525.854 | 40.39 |
| 2014 | 2 985 942.19 | 1 466 694.804 | 49.12 |
| 2015 | 3 528 267.05 | 1 929 962.076 | 54.70 |
| 2016 | 4 638 491.43 | 3 003 423.201 | 64.75 |

**表 7.10　2016 年 A 公司应收账款往来单位前 5 名统计表**

| 单位名称 | 是否关联方 | 应收账款金额/元 | 应收账款年限 | 占应收账款比例/% |
|---|---|---|---|---|
| b 公司 | 非关联方 | 946 778.12 | 2 年以内 | 34.44 |
| c 公司 | 非关联方 | 201 590 | 1 年以内 | 7.33 |
| d 公司 | 非关联方 | 174 534.96 | 1 年以内 | 6.29 |

续表

| 单位名称 | 是否关联方 | 应收账款金额/元 | 应收账款年限 | 占应收账款比例/% |
|---|---|---|---|---|
| e 公司 | 非关联方 | 94 000 | 1 年以内 | 3.42 |
| f 公司 | 非关联方 | 39 450 | 1 年以内 | 1.43 |
| 合计 | | 1 454 853.08 | | 52.92 |

### 1)应收账款分析

#### (1)应收账款占流动资产的比率

应收账款占流动资产的比率的计算公式为

$$应收账款占流动资产的比率=\frac{应收账款期末余额}{流动资产期末余额}$$

应收账款占流动资产的比率在一定程度上能衡量应收账款的流动速度和资金的使用效率。它反映应收账款的规模大小。应收账款的规模越大,说明有可能是因为资产的流动速度太慢以及资金的使用效率太低造成的;而规模越小,说明应收账款的流动速度越快,资金的使用效率较高,资产质量越好。

由表 7.5 可知,A 公司 2012—2016 年应收账款余额分别为 483 352.04 元、965 007.36 元、1 582 574.95 元、2 041 769.12 元、2 749 155.48 元。2012 年应收账款占流动资产的比重为 50.09%,2013 年相比于 2012 年增幅有所下降,但 2014 年比 2013 年增长了 13.86%,2015 年应收账款占流动资产的比重上升至 30.40%,2016 年占比达到 40.19%,比 2015 年增长了 9.79%。应收账款余额从 2014 年开始呈现增长模式。尽管有些年份增长得较慢,但应收账款的总体增长趋势表现为较快上扬势头。

#### (2)应收账款的账龄较长

由表 7.6 可知,A 公司的应收账款账龄较长,2~3 年有 500 000 元应收账款未收回,4~5年有 216 787.36 元应收账款未收回,甚至 5 年以上还有 154 000 元应收账款还挂在账上。2 年以上(包含 2 年)未收回应收账款比例占应收账款总额 31.67%,这部分应收账款企业需重点关注。

#### (3)应收账款的增幅过大

由表 7.7 数据以及往年的应收账款收回情况分析可知,A 公司的应收账款的增幅较大,2013 年与 2012 年相比,增加了 99.65%,将近 100%的增幅。尽管 2014 年相比于 2013 年增幅有所下降,2015 年较 2014 年也有所下降,但 2016 年依然在上升,上升数额高达 707 386.36 元人民币。尽管应收账款增幅有所下降,但总体上数据一直在增长,数额也越来越大。

#### (4)应收账款坏账准备率

应收账款坏账准备率的计算公式为

$$坏账准备率=\frac{坏账准备金}{应收账款期末余额}$$

该公式在一定程度上衡量了应收账款发生坏账损失的可能性。比例越高,说明坏账损失的可能性越大,应收账款收回的可能性越小。由表 7.8 可知,A 公司应收账款坏账准备率最高达到 30%,表明这部分应收账款回收不力,很可能导致企业产生坏账,应收账款收不回来会影响公司现金流入。由表 7.8 可知,A 公司计提的坏账准备越来越多,至 2016 年年底共提坏账准备 304 904.63 元,占应收账款总额的 11.09%。

(5)应收账款债资比

由表 7.9 可知,2012 年 A 公司的债资比只是 23%,属于良性资产;2013 年就上升至 40.39%;2014 年也比 2013 年增加了 8.73%;2015 年和 2016 年连年增加,在 2016 年时,A 公司债资比高达 64.75%。由此可说明,A 公司因应收账款回收不力,致使企业不得不采取其他高成本融资手段来获得营运资金。

(6)应收账款的构成分析

由表 7.10 可知,2016 年 A 公司的应收账款构成主要是应收 b 公司账款 946 778.12 元,c 公司应收账款 201 590 元,d 公司应收账款 173 034.96 元,e 公司应收账款 94 000 元,f 公司应收账款 39 450 元,共占应收账款总额的 52.92%。由此可知,A 公司在销售上对这几家客户有较强的依赖性,企业为保持销售额的增长和维持市场份额而采用赊销政策,以维系合作关系。

### 2)A 公司应收账款存在的主要问题

①由表 7.5 可知,A 公司应收账款占流动资产总额的比重不断上升。应收账款的数额不断在增大,如果不及时收回款项,将会影响 A 公司的正常经营活动,制约 A 公司的持续发展。

②由表 7.6 分析可知,应收账款的账龄较长。判断应收账款的质量关键是应收账款的流动性。逾期应收账款的产生通常源于客户的资金周转不灵,丧失偿付能力,或者是有些企业恶意拖欠债款,据不偿付。应收账款逾期时间越长,收回的可能性就越低,形成坏账的可能性就越大。A 公司应收账款的账龄跨度大,竟还有 5 年以上的应收账款未收回,虽然数额不是很大,但依然给公司造成损失。据相关行业统计,应收账款在合同期内收回的可能性是 98.12%,超过半年回收的可能性是 57.18%,1 年以后收回的可能性降至 26.16%,2 年后收回的可能性低至 13.16%。因此,一般企业的应收账款账龄超过 3 年未收回的,能够收回的可能性极低,应视为坏账进行计算,然而 A 公司不仅保留有 4~5 年的应收账款数额,还保留有 5 年以上的应收账款未划为坏账损失,而且是长期挂账,这无形中增加了公司的财务风险。

③由表 7.7 分析可知,尽管应收账款的不断增加说明 A 公司的业绩尚好,利润逐年增加,但是应收账款增加的同时,其管理成本也在增加,收回的可能性却在不断下降。如果公司的销售收入持续增长,应收账款周转率就有可能会出现急剧下降,从而影响企业的

资产流动性能及资产质量。

④由表 7.8 和表 7.9 的数据分析可知,A 公司的应收账款的比率高达 40%以上,如此庞大的应收账款数额,长期收不回来,形成呆账、坏账的可能性增加。企业流动资产被大量的应收账款所占据,公司只能不断地向银行等金融机构借款来维持生产经营活动,导致 A 公司的负债总额不断上升。直至 2016 年,A 公司的债资比已经高达 64.75%。

企业常用财务分析指标见表 7.11。

**表 7.11 企业常用财务分析指标**

| 序号 | 指标类型 | 指标名称 | 计算公式 | 说 明 |
| --- | --- | --- | --- | --- |
| 1 | 盈利能力 | 销售净利率 | 净利润/销售收入×100% | 比率越大,盈利能力越强 |
| 2 | | 资产净利率 | 净利润/总资产×100% | |
| 3 | | 营业利润率 | 营业利润/营业收入×100% | |
| 4 | 偿债能力 | 流动比率 | 流动资产/流动负债 | 短期偿债能力 |
| 5 | | 速动比率 | (流动资产-存货)/流动负债 | |
| 6 | | 资产负债率 | 负债总额/资产总额 | 长期偿债能力 |
| 7 | 营运能力 | 应收账款周转率 | 产品销售收入/(期初应收账款+期末应收账款)÷2 | 参考行业平均水平分析 |
| 8 | | 应收账款周转天数 | 365/应收账款周转率 | |
| 9 | | 存货周转率 | 产品销售成本/(期初存货+期末存货)÷2 | |
| 10 | | 存货周转天数 | 365/存货周转率 | |
| 11 | | 流动资产周转率 | 产品销售收入/(期初流动资产+期末流动资产)÷2 | |
| 12 | | 总资产周转率 | 产品销售收入/(期初总资产+期末总资产)÷2 | |
| 13 | 发展能力 | 销售增长率 | (本期营业收入增加额÷上期营业收入)×100% | 对比企业连续多期的值,分析发展趋势 |
| 14 | | 净利润增长率 | (本期净利润增加额÷上期净利润)×100% | |
| 15 | | 营业利润增长率 | (本期营业利润增加额÷上期营业利润)×100% | |

# 第 8 章　财务岗位工作流程及业务处理

## 8.1　出纳岗工作流程

### 1）现金收付

（1）现金收入

收款—开具收款收据—收据签章—将收据发票联给交款人—凭记账联登记现金日记账—将记账联交给会计人员编制记账凭证。

注意：原则上出纳只有收到现金才能开具收据。

（2）现金支付

①费用报销。业务人员填写费用报销单据—领款人签名—现金支付—在原始凭证上加盖“现金付讫”—登记现金日记账—将费用报销单转至会计岗位。

②职工工资、福利费发放。依据人力部门提供的经领导审核后的工资表—现金支付—在工资表上加盖“现金付讫”—登记现金日记账—将支出证明传递至相关会计岗位。

（3）现金存取和保管

①从银行提取现金开具现金支票—放置保险箱以备用。

②收到现金填银行进账单—送存银行。

③登记现金日记账，要求日清月结，及时与会计核对余额。

### 2）银行存款收付

（1）收到银行存款

收到经办人员传递的支票—核查并填写进账单—送存银行并取回单—登记银行存款日记账—回单转至相关会计岗位。

(2)支付银行存款

①银行存款支付日常业务。领导审核并签字的付款审批单—开具支票—登记银行存款日记账—支票存根联、付款审批单—转至相关岗位。

注意:支票开具填写完整、准确,禁止签发空白支票;开出的支票收款单位名称应与合同、发票一致。

②银行存款支付员工工资。审批无误的工资表—开具支票—填写进账单—登记支票使用登记本—支票存根联、银行回单—登记银行存款日记账—转至相关会计岗。

注意:支付工资的支票连同工资表一起送到银行。

③银行存款交税。付款审批单—开具支票—填写进账单—登记支票使用登记本—支票存根联、回单—登记银行存款日记账—转至相关会计岗。

### 3)资金日报、银行存款余额调节表编制

核对库存现金—库存现金日报表。

银行对账单—银行存款余额调节表。

## 8.2 费用岗工作流程及账务处理

### 1)日常费用

审核原始凭证填写规范—审核原始凭证粘贴规范—审核审批手续是否完备—编制记账凭证—涉及现金的凭证传出纳岗。

记账凭证编制如下:

借:管理费用

　销售费用

　贷:库存现金

　　银行存款

　　其他应收款

### 2)购置固定资产

审核审批手续—审核发票—编制记账凭证。

记账凭证编制如下:

借:固定资产

　应交税费——应交增值税(进项税额)

　贷:银行存款

### 3)提取折旧

编制折旧明细表—编制记账凭证。

记账凭证编制如下:

借:管理费用

　　贷:累计折旧

### 4)房屋租金

依据租赁合同—审核发票—审核签字手续—编制记账凭证。

记账凭证编制如下:

借:管理费用——房租/仓租

　　贷:银行存款

### 5)运费

审核运输发票—审核审批手续—编制记账凭证。

记账凭证编制如下:

借:销售费用——运费

　　应交税金——应交增值税(进项税额)

　　贷:银行存款

### 6)广告费用

审核广告合同、发票—审核审批手续—编制记账凭证。

记账凭证编制如下:

借:销售费用

　　贷:银行存款

### 7)财务费用

利息收入、利息支出结算单、回单—编制记账凭证。

记账凭证编制如下:

借:财务费用——相关明细科目

　　贷:银行存款

### 8)员工借款

审核是否有欠款—审核审批手续—转至出纳岗—编制记账凭证。

记账凭证编制如下:

借:其他应收款

贷:库存现金

借:库存现金

贷:其他应收款

## 8.3 生产成本核算岗工作流程及账务处理

### 1)材料采购报账

审核采购发票、运费发票及验收入库单—编制记账凭证—将发票抵扣联注明凭证号后转至销售会计。

记账凭证编制如下:

借:原材料

应交税金——应交增值税(进项税额)

贷:应付账款——客户单位

注意:验证采购发票真实性,原则上须取得增值税专用发票;重点关注增值税专用发票购货单位、销货单位、金额及发票专用章等填写的规范。

### 2)采购付款

审核"付款审批单"手续—转款回单—编制记账凭证。

记账凭证编制如下:

借:应付账款——客户单位

贷:银行存款

### 3)生产部门日常费用报销

依据部门费用预算—审核原始凭证—审核审批手续—编制记账凭证。

记账凭证编制如下:

借:制造费用——车间部门

贷:库存现金

银行存款

### 4)制造费用归集与分配

记账凭证编制如下:

借:生产成本

贷:制造费用——相关明细科目

### 5) 基本生产成本的归集

记账凭证编制如下：

借:生产成本

　　贷:原材料

　　　　应付职工薪酬

### 6) 产成品入库

成本计算表—核对完工产品、在产品数量—产成品明细账—核对入库数—根据成本计算表及入库单编制记账凭证。

记账凭证编制如下：

借:库存商品

　　贷:生产成本

### 7) 盘点

编制盘存表—账实核对—查找问题事项—依处理决定编制记账凭证。

记账凭证编制如下：

(1) 盘盈

借:库存商品

　　贷:管理费用——待处理财产损溢

(2) 盘亏

借:管理费用——待处理财产损溢

　　贷:库存商品

## 8.4　销售岗工作流程及账务处理

### 1) 主营业务收入核算

(1) 正常销售

根据本月销售发票记账联—编制记账凭证。

记账凭证编制如下：

借:应收账款

　　贷:主营业务收入

　　　　应交税金——增值税(销项)

(2)销售退货

购买方退回发票(作废)—开具红字发票—编制记账凭证。

记账凭证编制如下:

借:应收账款(红字)

贷:主营业务收入(红字)

应交税金——增值税(销项)(红字)

### 2)主营业务成本核算

已销商品成本明细表—编制记账凭证。

记账凭证编制如下:

借:主营业务成本

贷:库存商品

### 3)回款的核算

订单明细—开销售发票—出纳岗据此收款(现金)—盖章的现金收据(客户打款回单)—编制记账凭证。

记账凭证编制如下:

借:库存现金/银行存款

贷:应收账款

## 8.5 税务岗位工作流程及工作内容

随着税收法规日趋完善的今天,不少企业纷纷开始设立税务会计岗位,主要负责税务筹划、税金核算和纳税申报的处理。税务会计是财务会计与管理会计的一种自然延伸。

### 1)月初的工作内容

①进行网上申报。按不同税种分别填写纳税申报表,进行国税和地税的网上申报,并打印出报表。

②根据"应交税费"科目的贷方余额划转税款,进入纳税科目。

③到税务机构进行税款缴纳,取回完税凭证,报送相关报表。

④根据完税凭证编制税款缴纳的记账凭证,完成上月的税务处理工作。

### 2)月中的工作内容

①每天根据所发生的涉税业务的原始凭证编制记账凭证,并在"应交税费"明细账上

登记。

②做好发票的购买、领用、开具、验收及保管工作。

③做好退税和减免税的办理工作。

④积极配合税务机关征管员,做好对本企业的税收征管工作。具体包括企业情况介绍、资料提供、纳税情况汇报等。

⑤相关新税收政策的关注与学习。

⑥做好纳税筹划。

⑦做好税法宣传、解释工作。

⑧做好如税务变更登记、税务稽查等其他特殊工作。

### 3)月末的工作内容

①做好"应交税费"科目的总分类账登记工作,并与明细账进行核对,进行月度结转,对各相关科目结出余额。

②将开出的各种发票进行汇总,编制发票使用汇总表。

③将收到的各种发票重新进行检查,并到税务机关进行认证确认。

④编制发票领用月报表,检查空白发票的库存数。

⑤按照税务机关的规定,办理预缴税款的业务。

⑥对检查出来需要调整的账项,按会计制度、会计准则和税法要求进行调整。

### 4)年末的工作内容

①对全年的涉税业务进行汇算清缴,需要调整的账项按税法进行调整,该补缴的税款进行补缴。

②编制并上报各种税务年报,并进行网上申报。

③协助税务机关做好税务各项工作。

### 5)税务会计工作流程

(1)抄税

按《发票使用明细表》录入当月已开具的发票—与销售会计核对收入金额—装订发票存根—打印《发票使用明细表》装订成册—到税务机关报税。

注意:保证所录入的销售发票税款金额与财务系统中的销项税一致,即

$$当月增值税销项=(销售收入+其他业务收入)\times 17\%$$

在清理装订发票存根过程中,须注意作废发票是否所有联次都齐全,红字发票是否附合法依据。抄税前,须做到抄税软盘数据、IC 卡数据、开具的全部专用发票存根联数据、专用发票使用台账均相符。

(2)认证抵扣

销货方传来的增值税专用发票—360 天内到税务机关认证—认证的次月申请增值税进项税抵扣—系统录入当月增值税抵扣联—与财务系统核对当月进项税额—装订抵扣联—打印抵扣联清单,并装订成册。

(3)申报纳税

增值税、城建税及其他附加税按月申报;所得税按季度申报;房产税分别于 1 月、7 月分两次申报;车船使用税、土地使用税于每季度第 1 个月申报。

(4)发票的领购及使用

发票领购簿—税务局大厅—登记所购票据—存保险柜—登记发放情况—领用人签名—编制当月票据领用情况表。

## 8.6 主管岗工作流程及内容

### 1)复核会计凭证

当月所有会计凭证逐一复核、签章—发现差错—提请各核算岗更正。

### 2)编制以及出具会计报表

账务系统会计凭证逐一复核—系统记账、结账—总账模块与子模块复核—出具会计报表与手工报表。

# 第 9 章　出纳岗位工作内容

出,即支出;纳,即收入。所谓出纳的职责,主要是管理企业货币资金票据的出入。一般企业的资金包括两方面:现金和银行存款(支票属于银行存款)。作为一个出纳,首要的工作就是保证企业的资金安全,并且对所有资金的流入流出都有及时、详尽且连贯的登记。因此,出纳登记现金日记账和银行存款日记账就显得尤为必要。以前的日记账都是账簿,随着经济与技术的发展,现在的信息记录都是在财务软件中录入。出纳的日记账登记要及时,要定期与会计对账,确保账实相符。

出纳要做好员工的报销工作,依据单位报销制度与流程做好单据审核(费用报销单书写是否规范、原始凭证粘贴整齐,是否经过领导签字审批)。如果报销的形式是支付现金,则需要在领款人签字确认;如果是支票报销,领支票人要在支票根上签字。报销要及时准确,企业现金不够时要及时去银行取钱,大额取款需要提前预约(每个银行需要预约金额的起点不同)。已经报销完的报销单据登记账簿后,要及时移交给会计,以便于会计整理、做账。

出纳要先学会写支票。支票分为现金支票和转账支票。现金支票的收款人是单位自己。转账支票的收款人只有在给员工发工资时才是单位自己。除此之外,其他用途的收款人都是其他公司。支票的日期和金额书写格式要正确,不正确的银行不予支付。

出纳要至少在每月末做一次现金盘点表,保证库存现金实有数和日记账金额相符。出纳也要定期与银行核对银行存款余额,依据银行的对账单与企业的银行存款日记账账面余额核对,确保账实相符。

出纳要确保企业不能出现坐支现金行为,单位日常取得的零星收入要及时送存银行,企业的备用金一般可以留 3~5 天的日常支出金额,偏远地区和交通不便地区可以多于 5 天,但是不能超过 15 天。

出纳要定期去银行取回单交给会计做账,每月月初取回上月的银行对账单,用于存档。每个月 15 号之前带上会计给的税单去银行交税。

# 9.1 出纳如何送存现金

出纳人员在日常工作活动中会经常接触到现金。按照现金管理制度的规定,企业应当将取得的库存现金收入以及超过库存现金限额的现金及时送存银行。现金送存银行一般为4个步骤:整理清点现金、填写现金缴款单、送现金取回单及登记日记账。出纳送存现金流程如图9.1所示。

图9.1 出纳送存现金流程图

## 1)什么是现金缴款单

现金缴款单是单位去本单位开户银行送存现金时,填写的申报单据。现金缴款单一般一式两联。第一联作为银行的记账凭证,加盖相关印章并装订入传票;第二联为单位记账凭证,银行加盖相关印章后退给单位作为回单。

现金缴款单格式(各银行现金缴款单格式存在差别,出纳可到各银行免费领取或购买),现金缴款单如图9.2、图9.3所示。

## 2)现金缴款单填写说明

现金缴款单填写要规范,日期填写现金送存银行当日,收款单位一般填写本单位名称,收款人账号填写企业在该银行的开户账号,收款人开户行填写单位现金送存银行的开户行,交款人即经办人,款项来源按实际填写下来,缴款金额注意区分大、小写。

【例9.1】 2016年3月1日,A有限责任公司出纳张某将超出库存限额的100元存入银行(开户银行:中国建设银行×商新支行,账号:6356791689125679875)。具体填写方法如图9.4所示。

①出纳清点现金(出纳将现金送存银行前,应将要送存银行的现金进行清点,确保送存金额与实存金额相同)。

中国农业银行 AGRICULTURAL BANK OF CHINA　　现金缴款单

2013 年 4 月 17 日　　传票号：

| 客户填写部分 | 收款人户名 | 股份有限公司 | | |
|---|---|---|---|---|
| | 收款人账号 | 88888888888888888888 | 收款人开户行 | 农行分行 |
| | 缴款人 | 张三 | 款项来源 | 营业款 |
| | 币种(√) 人民币■ 外币： | 大写：壹佰捌拾捌元捌角整 | 亿千百十万千百十元角分 | ¥18880 |

| 券别 | 100元 | 50元 | 20元 | 10元 | 5元 | 2元 | 1元 | 5角 | 2角 | 1角 | 辅币(金额) |
|---|---|---|---|---|---|---|---|---|---|---|---|
| 张数 | 1 | 1 | 1 | 1 | 1 | 1 | 1 | 1 | 1 | 1 | |

银行电脑打印部分

日期：　日志号：　交易码：　币种：

金额：　终端号：　主　管：　柜员：

温馨提醒：本部分内容只能由电脑打印，不能手工填写，请客户留意。

第一联　银行记账凭证

制票：　复核：

图 9.2　中国农业银行现金缴款单

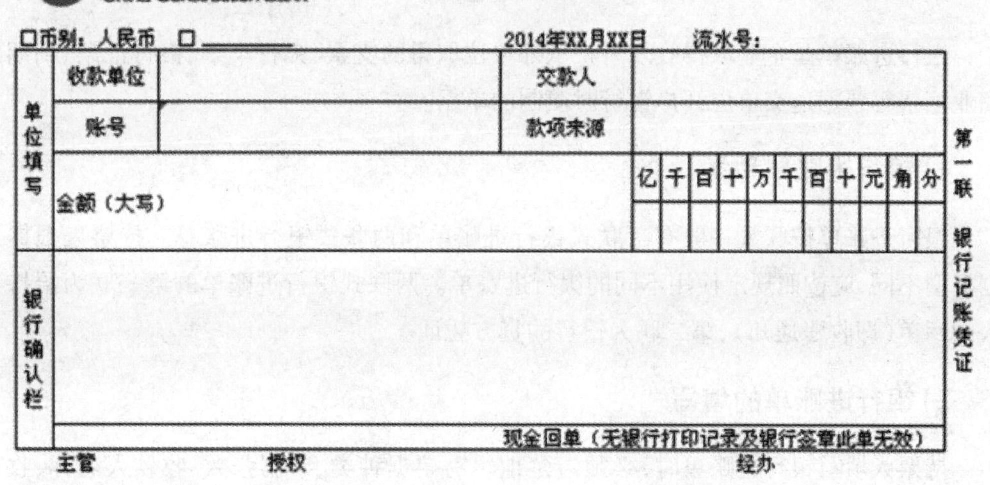

中国建设银行 China Construction Bank　　现金交款单

□币别：人民币　□______　　2014年XX月XX日　　流水号：

| 单位填写 | 收款单位 | | 交款人 | |
|---|---|---|---|---|
| | 账号 | | 款项来源 | |
| | 金额（大写） | | 亿千百十万千百十元角分 | |
| 银行确认栏 | | | | |
| | 现金回单（无银行打印记录及银行签章此单无效） | | | |

第一联　银行记账凭证

主管　　授权　　经办

图 9.3　中国建设银行现金缴款单

②填写现金缴款单(缴款单金额人民币要大写，小写金额人民币前要加¥)。

③送现金，取回单(出纳要去银行对公业务窗口办理，银行审核无误后会在银行确认栏加盖公章，并将回单联退还出纳，出纳将回单交还给单位会计编制记账凭证)。

④登记日记账(出纳根据送存凭证登记现金日记账和银行存款日记账)。

实际工作中，很多单位出纳登记日记账是在拿到银行回单后根据回单直接登记，然

中国建设银行 China Construction Bank　　现金交款单

□币别：人民币 □________　　2016年03月01日　　流水号：

<table>
<tr><td rowspan="3">单位填写</td><td>收款单位</td><td>A有限责任公司</td><td>交款人</td><td colspan="11">张某</td><td rowspan="5">第一联 银行记账凭证</td></tr>
<tr><td>账号</td><td>6356791689125679875</td><td>款项来源</td><td colspan="11"></td></tr>
<tr><td colspan="3" rowspan="2">金额（大写）　壹百元整</td><td>亿</td><td>千</td><td>百</td><td>十</td><td>万</td><td>千</td><td>百</td><td>十</td><td>元</td><td>角</td><td>分</td></tr>
<tr><td></td><td></td><td></td><td></td><td></td><td></td><td>¥</td><td>1</td><td>0</td><td>0</td><td>0</td></tr>
<tr><td>银行确认栏</td><td colspan="14"></td></tr>
<tr><td></td><td colspan="14">现金回单（无银行打印记录及银行签章此单无效）</td></tr>
</table>

主管　　授权　　经办

图 9.4　中国建设银行现金交款单填写内容

后再将回单交给会计编制凭证的。

## 9.2　银行进账单办理

银行进账单是企业取得收入时将从外单位取得的支票、银行本票、银行汇票、到期的商业汇票等票据送交单位开户银行时填制的单据。

### 1）银行进账单种类

银行进账单按联数一般有三联式银行进账单和两联式银行进账单。持票人根据票据类型不同，应按照规定使用不同的银行进账单。两联式银行进账单的第一联为给持票人的回单（即收账通知），第二联为银行的贷方凭证。

### 2）银行进账单的填写

持票人填写银行进账单时，必须清楚地填写票据种类、票据张数、收款人名称、收款人开户银行及账号、付款人名称、付款人开户银行及账号、票据金额等栏目，并连同相关票据一并交给银行经办人员。银行受理二联式银行进账单后，应在第一联上加盖转讫章并退给持票人，持票人凭此记账。如果持票人申请的是支票进账，当手续办妥后，支票联就留存在银行了，银行会给企业出具一张加盖转讫章的进账单，企业凭进账单来记账，表明支票上的款项已经划到企业的银行存款账号上。

应注意以下事项：

①支票进账单的填制，可以一张支票填制一份进账单，也可以多张支票（不超过 4

笔),汇总金额后填制一份进账单,即允许办理一收多付(一贷多借)。

②办理一收多付(一贷多借)的进账单时,客户必须根据不同的票据种类和支票签发人所属的不同分别填制,不得混淆。

③进账单上填列的收款人名称、账号、金额、内容均不得涂改,其他项目内容应根据所附支票的相关内容据实填列。

④进账单第二联最下端的磁码区域必须保持清洁,任何企事业单位或个人不得在此区域内书写或盖章。

### 3) 银行进账单的意义

银行进账单是持票人或收款人将票据款项存入收款人在银行账户的凭证,也是银行将票据款项划入收款人银行账户的凭证。

### 4) 银行进账单格式

各个银行的进账单格式存在差异。银行进账单格式如图 9.5 所示。

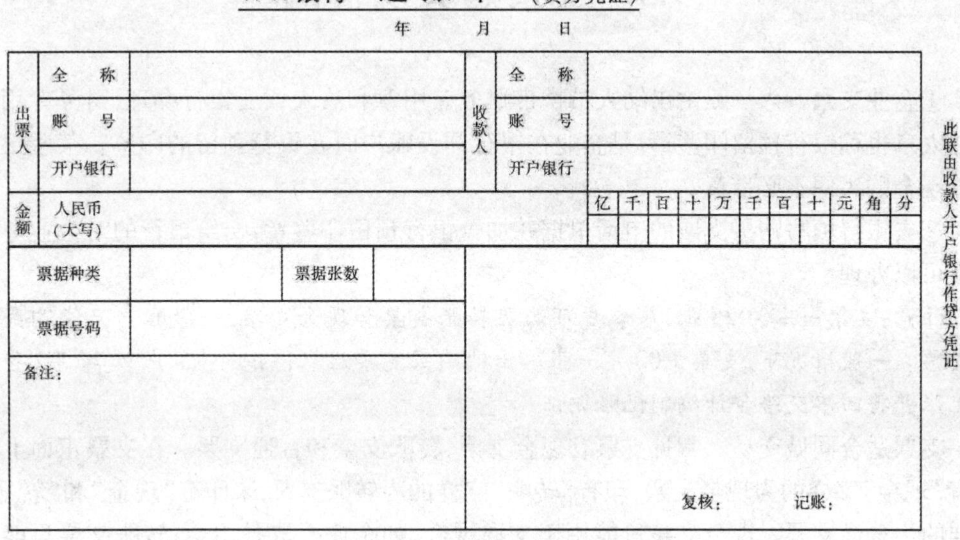

××银行　进 账 单　(贷方凭证)

年　月　日

| | | | | | |
|---|---|---|---|---|---|
| 出票人 | 全　称 | | 收款人 | 全　称 | |
| | 账　号 | | | 账　号 | |
| | 开户银行 | | | 开户银行 | |
| 金额 | 人民币(大写) | | | | 亿 千 百 十 万 千 百 十 元 角 分 |
| 票据种类 | | 票据张数 | | | |
| 票据号码 | | | | | |
| 备注: | | | | 复核:　记账: | |

此联由收款人开户银行作贷方凭证

图 9.5　银行进账单格式

【例 9.2】　甲有限责任公司收到乙公司签发的银行汇票一张,金额 250 000 元,票据号码 000963(甲公司开户银行:工商银行,账号:622377654321;乙公司开户银行:兴业银行,账号:653897694529)。甲公司出纳填写银行进账单如图 9.6 所示。

××银行 **进账单** （贷方凭证）

年　　月　　日

<table>
<tr><td rowspan="3">出票人</td><td>全　称</td><td colspan="3">乙有限责任公司</td><td rowspan="3">收款人</td><td>全　称</td><td colspan="11">甲有限责任公司</td><td rowspan="7">此联由收款人开户银行作贷方凭证</td></tr>
<tr><td>账　号</td><td colspan="3">653897694529</td><td>账　号</td><td colspan="11">622377654321</td></tr>
<tr><td>开户银行</td><td colspan="3">兴业银行</td><td>开户银行</td><td colspan="11">工商银行</td></tr>
<tr><td rowspan="2">金额</td><td rowspan="2">人民币<br>（大写）</td><td colspan="5" rowspan="2">贰拾伍万元整</td><td>亿</td><td>千</td><td>百</td><td>十</td><td>万</td><td>千</td><td>百</td><td>十</td><td>元</td><td>角</td><td>分</td></tr>
<tr><td></td><td></td><td>¥</td><td>2</td><td>5</td><td>0</td><td>0</td><td>0</td><td>0</td><td>0</td><td>0</td></tr>
<tr><td colspan="2">票据种类</td><td>银行汇票</td><td>票据张数</td><td>1张</td><td colspan="13" rowspan="3"><br>复核：　　记账：</td></tr>
<tr><td colspan="2">票据号码</td><td colspan="3">000963</td></tr>
<tr><td colspan="5">备注：</td></tr>
</table>

**图 9.6　银行进账单**

# 9.3　支票购买及常识

①企业支票购入一般由出纳人员携带财务专用章和法人章去银行办理，财务专用章和法人章也称银行预留印鉴章，是企业在银行开设账户时在银行预留的印鉴。某些银行可以现金购买便不必带章。

②去银行填写购买支票的申请单据并加盖银行预留印鉴章，交给银行的对公业务窗口就可以办理了。

注意：支票一本为 25 张，基本户可购买转账支票和现金支票，一般账户只能购买转账支票。一般情况下，支票 1.00 元一张。出纳购买支票后取得银行“客户回单”联，登记日记账并将回单交给会计编制记账凭证。

支票适合同城交易。常见支票有现金支票、转账支票和普通支票。在支票正面上方印有“现金”字样的为现金支票，印有“转账”字样的为转账支票，未印有“现金”和“转账”字样的为普通支票。现金支票只能用于支取现金，如企业提取备用金；转账支票只能用于转账，如单位之间的交易结算；普通支票既可用来支取现金，也可用来转账（普通支票如果左上角有两条平行线的，称为划线支票，划线支票只能用于转账）。

①支票正面不能有涂改痕迹，否则支票作废。

②受票人如果发现支票填写不全，可以补记，但不能涂改。

③支票的有效期为 10 天，日期首尾算一天。节假日顺延。

④支票见票即付。

⑤出票单位现金支票背面所盖印章模糊了，可把模糊印章打叉，重新盖一次。

⑥收款单位转账支票背面所盖印章模糊了，不能用重新盖章方法来补救，可与出票

单位协商重新开支票，或是收款单位带转账支票及银行进账单到出票人所在开户银行去办理收款手续（不用付手续费）。

⑦在支票左上角划两条线，可防止支票丢失后被人取现（视同转账支票）。

## 9.4　支票的填写

### 1）出票日期

支票的出票日期必须以大写的零、壹、贰、叁、肆、伍、陆、柒、捌、玖、拾来表示出票日期。

①壹月、贰月前零字必写，叁月至玖月前零字可写可不写，拾月至拾贰月必须写成壹拾月、壹拾壹月、壹拾贰月。

②壹日至玖日前零字必写，拾日至拾玖日必须写成壹拾日及壹拾玖日，贰拾日至贰拾玖日必须写成贰拾日及贰拾玖日，叁拾日至叁拾壹日必须写成叁拾日及叁拾壹日。

【例9.3】　某企业出纳小张开具支票一张，出票日期为2016年7月1日。

出票日期正确写法：贰零壹陆年柒月零壹日（柒月前零字写与不写均可，壹日前零字必须写）。

【例9.4】　某企业出纳小张开具支票一张，出票日期为2016年1月15日。

出票日期正确写法：贰零壹陆年零壹月壹拾伍日

### 2）收款人

①现金支票收款人为本单位名称，适用于单位到银行提现备用，现金支票背面“被背书人”栏内加盖本单位的财务专用章和法人章便可提现。

②现金支票收款人为个人姓名，适用于单位给个人的劳务费等，现金支票背面不盖任何章，收款人凭身份证便可签字领款。

③转账支票收款人可以填写个人（金额不超过5万），也可填写对方单位名称，出票单位不盖章，收款单位在支票背面被背书栏内加盖收款单位财务专用章和法人章。

注意：实务中，很多企业开具转账支票时往往在“收款人名称”处不填写，留有空白。这是因为《票据法》规定，支票上未记载收款人名称的，经出票人授权，可以补记。就是说支票的收款人名称并不是必须记载事项。可以这样理解，收款人名称可通过出票人授权由收票人补记，那么也可以由收票人再授权他人补记。例如，A公司出具支票给B公司，但是未填写收款人名称。B公司与C公司因业务往来需付款给C公司，B公司于是直接将从A公司取得的支票交付给C公司，同样未填写收款人名称。C公司收到B公司交付的支票后将自己作为收款人填写且持票进账。A公司、B公司的行为，均符合票据法。因此，实务中这种票据权利转让方式也得以运用。

### 3)付款行名称、出票人账号

即为本单位开户银行名称及银行账号。例如,工行高新支行××分理处,1202027409900088888。

### 4)金额填写

(1)人民币(大写)

金额必须以大写的零、壹、贰、叁、肆、伍、陆、柒、捌、玖、亿、万、仟、佰、拾来填写。

【例9.5】 某企业出纳小张开具支票一张,金额为25 396.71元。

大写金额正确写法:贰万伍仟叁佰玖拾陆元柒角壹分。

【例9.6】 某企业出纳小张开具支票一张,金额为3 760.59元。

大写金额正确写法:叁仟柒佰陆拾元零伍角玖分("陆拾元零伍角玖分"中的"零"字可写可不写)。

【例9.7】 某企业出纳小张开具支票一张,金额为860.00元。

大写金额正确写法:捌佰陆拾元正("正"写为"整"字也可以,"正"字后边不用再写"零角零分")。

【例9.8】 某企业出纳小张开具支票一张,金额为436.03元。

大写金额正确写法:肆佰叁拾陆元零叁分。

【例9.9】 某企业出纳小张开具支票一张,金额为826.70元。

大写金额正确写法:捌佰贰拾陆元柒角(角字后面可加"正"字,但不能写"零分")。

(2)人民币小写

金额以阿拉伯数字表示,最高金额的前面加人民币符号"¥"封口,数字书写到分位。如果为整数,后边的角和分也要写"00"。

### 5)用途填写

①现金支票的用途有一定限制,一般适用于企业从银行提现备用、支付员工的工资提现、支付临时性的劳务费等。用途栏填写"备用金""差旅费""工资""劳务费"等字样。

②转账支票可支付给个人,也可支付给单位,一般适用于企业间、企业与个人间的商品交易、劳务关系等。用途栏只需根据实际情况填写,没有具体规定,如"支付货款""预付款"等。

### 6)盖章

支票的印章必须清晰,印章模糊只能将本张支票作废,换一张重新填写,重新盖章。

如果现金支票的收款人是单位自己,除在支票的正面盖财务专用章和法人章,支票背面的方框里也要加盖财务章和法人章;如果收款人是个人,则支票背面不用盖章。

转账支票,只需要在支票的正面加盖财务专用章和法人章。

## 9.5　现金支票

现金支票是专门制作的用于支取现金的一种支票。由出票人签发用于到银行为本单位提取现金,也可以签发给其他单位和个人用来办理结算或者委托银行代为支付现金给收款人。

### 1) 日期的填写

日期应使用数字的大写来填写。

### 2) 收款人及出票人账号填写

收款人应填写公司的全称,出票人账号即付出这笔款项的银行账户。如果是要开给个人(一般情况下,填写出票人的全称,支票背面不盖章,由收款人个人凭证件提现,这并不影响取现的操作)。

### 3) 取现金额填写

人民币金额需要用大写,小写各书写一遍,小写金额在数字最前一位前加上“¥”符号。

### 4) 填写用途

用途通常填写“备用金”“劳务费”或“差旅费”。

### 5) 填写存根联

票根即存根联的填写要完整,出票日期和金额用数字小写填写即可,单位主管签字后将存根联撕下留存,作为财务记账的凭证。

备注:如果是用于给个人自行去银行取现用,可在附加信息处,由领用人签名。

### 6) 加盖银行预留印鉴

预留印鉴通常为法人章+财务章的组合,加盖到支票联的正面。

### 7) 填写密码

在密码器中,选择出票人账号,输入支票号、日期、金额,便可生成一组密码,将其抄入密码区(支票号在右上角处)。

### 8) 支票反面加盖银行预留印鉴,填写支票领用人身份证

一般银行除了填写身份证外,还会要求领用人在空白处签名确认。

**9)取现条件**

领用人带上身份证至银行,凭借身份证和支票进行取现。

## 9.6 转账支票

转账支票是商品、劳务交易双方业务往来的结算方式。当付款方不用现金方式支付收款方款项时,可以办理转账支票。转账支票只能用于转账,不能提取现金。

①转账支票的转账日期、收款单位、支付金额不得涂改。出票日期必须用大写数字,即零、壹、贰、叁、肆、伍、陆、柒、捌、玖、拾。

②转账支票的收款人一栏应填写对方单位名称,票据背面付款单位不用盖章。

③人民币金额填写时,必须用大写数字。其中,"万"字是没有单人旁的,整可以写成"正"。例如,壹、贰、叁、肆、伍、陆、柒、捌、玖、拾、佰、仟、万、亿、整(正)。

④转账支票不像现金支票有一定的限制,它没有具体规定。其用途可根据实际情况填写。例如,货款就填写"货款"。

## 9.7 支票进账办理

①当收到支票的第一时间,应该是确定支票的完整性与有效性(如开户行、出票时间、出票金额、盖章清晰程度)。

②与对方公司沟通好,进账日期与金额(有时,某些开票公司因为开了太多支票,没有定期存入金额,造成账户余额不足从而产生空头支票现象)。因此,事先沟通是很有必要的。

注意:空头支票是指出票人在签约银行账户上实有的存款余额不够支付已签发的票据金额。因此,出票人自出票日起至支付完毕止,应保证其在银行存款账户中有足够支付支票金额的资金。企业一旦出现有意或无意的签发空头支票的行为,或者签发与其预留的签章不符的支票,由中国人民银行处以票面金额5%但不低于1 000元的罚款,并且持票人有权要求出票人赔偿支票票面金额2%的赔偿金。

③确定无误后,在支票背面被背书栏加盖财务专用章和法人章。

④填写进账单。

⑤把进账单与支票一同交给银行,并取回相关的回单。

## 9.8 支票密码器常识

填开支票时,支票上都要填写密码。企业到银行开户,购买支票时,银行会给企业一个密码器。当企业签发支票时,在密码器上输入支票号码、开票日期、金额后会随机生成一个密码,将其填在支票规定的地方。支票密码是防止空白支票丢失或被他人盗用而采用的一种保密措施。一般支票密码为 16 位数字。

①按一下密码器的开/关机键。

②屏幕亮了以后,输入密码。

③在密码器上找到要开具的支票种类,然后按"确定"。

④调整好开票日期、金额后,按"确定"。

⑤最后就出来这张支票的密码了,把密码写到支票的密码栏上即可。

## 9.9　出纳取现程序

出纳人员的工作重点就是对企业现金、银行存款的收取与保管。在工作中,当单位需要用现金时,出纳需要按照现金制订的有关规定到开户银行提取现金。针对现金的提取,人民银行对公司取现有严格的限制,规定用途一般有"备用金""差旅费""工资""劳务费"。其中,"备用金"的金额限定在小于等于 10 000 元;其他的,如果超过 50 000 元,一般需提前预约。

取现的一般程序如下:

①填写现金支票。支票的填写最好用黑色水笔。填写支票一定要认真。如果金额填写错误,不能更改,要作废重新填写。

②支票主体部分(正面)。

③支票主体部分(背面)。

④将现金支票交与开户银行,银行核对无误后,付现金。

⑤出纳人员收取现金后,认真清点,确认无误后离开。

⑥出纳人员取回现金后,应将现金及时放入单位保险柜内。

## 9.10　收据填写

收据一般是在不需要或暂时无法开具发票而又必须有收款凭证时开具,如企业收到的订金、押金、赔偿款等。收据一般一式三联,分别是存根联(收款单位留存)、收据联(交款方留存)、记账联(收款单位记账依据)。收据样式如图 9.7 所示。

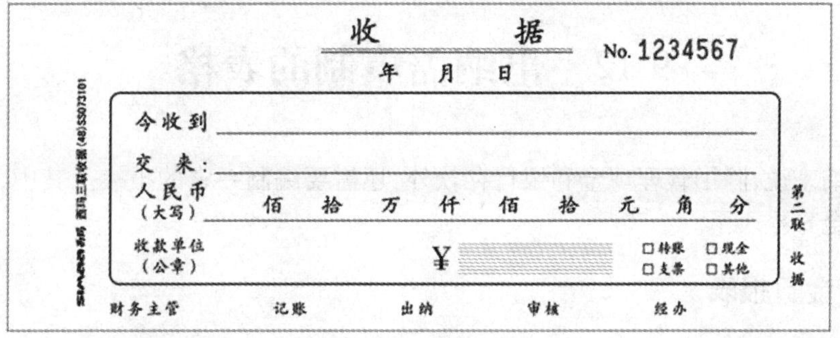

收　据　No. 1234567

年　月　日

今收到

交　来:

人民币(大写)　佰　拾　万　仟　佰　拾　元　角　分

收款单位(公章)　¥　□转账　□现金　□支票　□其他

财务主管　记账　出纳　审核　经办

第二联　收据

图 9.7　收据样式

收据一般开具的项目有开具日期、交款单位、收款事由、交款金额、收款单位公章、经办人签字。

## 9.11 库存现金的清查

### 1)库存现金的清查方式

库存现金的清查有两种方式:定期清查与不定期清查。

定期清查一般是指出纳人员每日清点库存现金实存数,并与库存现金日记账的账面余额核对。它是出纳人员日常工作中的一部分。

不定期清查一般是指企业进行审计时由清查小组对库存现金进行盘点。清查时,出纳人员必须在场,库存现金由出纳人员经手盘点,清查人员在旁监督。

### 2)库存现金盘点报告表

库存现金清查结束后,出纳应填写"库存现金盘点表"。库存现金清查如果出现问题,一般有两种情况:盘盈或盘亏。库存现金盘点表样式见表9.1。

**表9.1 库存现金盘点表**

| 实存金额 | 账存金额 | 盘 盈 | 盘 亏 | 备 注 |
| --- | --- | --- | --- | --- |
| | | | | |
| | | | | |
| | | | | |

盘点人(签章): 出纳员:(签章)

### 3)库存现金清查结果处理

在清查库存现金时,如发现问题,根据清查结果及处理意见,应及时调整库存现金账簿记录。

## 9.12 出纳需填制的表格

对出纳来说,除了管理现金和银行存款外,还需要编制一定的报表。其中,最为重要的当数资金日报表了。

### 1)资金日报表

资金日报表格式见表9.2。

**表 9.2　资金日报表**

年　　月　　日

<table>
<tr><td rowspan="5">前日余额</td><td rowspan="5">其中：现金</td><td>部门</td><td>金额</td><td rowspan="5">其中：银行存款</td><td colspan="2">账户</td><td colspan="2">金额</td></tr>
<tr><td></td><td></td><td colspan="2">工商银行</td><td colspan="2"></td></tr>
<tr><td></td><td></td><td colspan="2">建设银行</td><td colspan="2"></td></tr>
<tr><td></td><td></td><td colspan="2">招商银行</td><td colspan="2"></td></tr>
<tr><td>合计</td><td></td><td colspan="2">合计</td><td colspan="2"></td></tr>
<tr><td rowspan="2">项目</td><td colspan="4">本日收入额</td><td colspan="4">本日支出额</td></tr>
<tr><td>部门</td><td>摘要</td><td>金额</td><td>备注</td><td>部门</td><td>摘要</td><td>金额</td><td>备注</td></tr>
<tr><td rowspan="5">现金</td><td></td><td></td><td></td><td></td><td></td><td></td><td></td><td></td></tr>
<tr><td></td><td></td><td></td><td></td><td></td><td></td><td></td><td></td></tr>
<tr><td></td><td></td><td></td><td></td><td></td><td></td><td></td><td></td></tr>
<tr><td></td><td></td><td></td><td></td><td></td><td></td><td></td><td></td></tr>
<tr><td colspan="4">收入小计</td><td colspan="4">支出小计</td></tr>
<tr><td rowspan="5">银行存款</td><td></td><td></td><td></td><td></td><td></td><td></td><td></td><td></td></tr>
<tr><td></td><td></td><td></td><td></td><td></td><td></td><td></td><td></td></tr>
<tr><td></td><td></td><td></td><td></td><td></td><td></td><td></td><td></td></tr>
<tr><td></td><td></td><td></td><td></td><td></td><td></td><td></td><td></td></tr>
<tr><td colspan="4">收入小计</td><td colspan="4">支出小计</td></tr>
<tr><td rowspan="5">当日余额</td><td rowspan="5">其中：现金</td><td>部门</td><td>金额</td><td rowspan="5">其中：银行存款</td><td colspan="2">账户</td><td colspan="2">金额</td></tr>
<tr><td></td><td></td><td colspan="2">工商银行</td><td colspan="2"></td></tr>
<tr><td></td><td></td><td colspan="2">建设银行</td><td colspan="2"></td></tr>
<tr><td></td><td></td><td colspan="2">招商银行</td><td colspan="2"></td></tr>
<tr><td>合计</td><td></td><td colspan="2">合计</td><td colspan="2"></td></tr>
</table>

制表人：

### 2) 银行存款余额调节表

银行存款余额调节表是企业与银行在凭证传递过程中因为时间差的原因，导致一方已经入账，一方尚未入账的情况。它是在银行对账单余额与企业账面余额的基础上，各自加上对方已收、本单位未收款项数额，减去对方已付、本单位未付款项数额，以调整双方余额使其一致的一种调节方法（一般在月底企业收到银行对账单后，与企业银行存款日记账核对）。银行存款余额调节表格式见表 9.3。

表 9.3　银行存款金额调节表

2016 年 12 月 31 日

| 项　目 | 金　额 | 项　目 | 金　额 |
|---|---|---|---|
| 银行存款日记账余额 | | 银行对账单余额 | |
| 加:银行已经收款,企业尚未收款 | | 加:企业已经收款,银行尚未收款 | |
| 减:银行已经付款,企业尚未付款 | | 减:企业已经付款,银行尚未付款 | |
| 调节后余额 | | 调节后余额 | |

【例 9.10】　甲有限责任公司 2016 年 9 月 30 日与银行对账,9 月 1 日到 9 月 30 日企业银行存款日记账账面记录与银行出具的 9 月对账单资料情况见表 9.4、表 9.5。

表 9.4　甲有限责任公司银行存款日记账

2016 年 9 月 30 日　　单位:元

| 日　期 | 凭证号 | 摘　要 | 借　方 | 贷　方 | 方向 | 余　额 | 标记 |
|---|---|---|---|---|---|---|---|
| 2016-09-01 | | 期初余额 | | | 借 | 200 000.00 | |
| 2016-09-03 | 银付 01 | 付材料款 | | 55 000.00 | 借 | 145 000.00 | √ |
| 2016-09-11 | 银付 02 | 付材料款 | | 35 000.00 | 借 | 110 000.00 | √ |
| 2016-09-17 | 银收 01 | 收销货款 | 80 000.00 | | 借 | 190 000.00 | √ |
| 2016-09-21 | 银收 02 | 收销货款 | 60 000.00 | | 借 | 250 000.00 | √ |
| 2016-09-25 | 银付 03 | 交税金 | | 25 000.00 | 借 | 225 000.00 | √ |
| 2016-09-30 | 银收 03 | 收销货款 | 16 000.00 | | 借 | 241 000.00 | |
| 2016-09-30 | 银付 04 | 取备用金 | | 10 000.00 | 借 | 231 000.00 | |
| 2016-09-30 | | 期末余额 | | | 借 | 231 000.00 | |

表 9.5　××银行对账单

2016 年 9 月 1 日至 2016 年 9 月 30 日　　币种:人民币

| 日　期 | 摘　要 | 账单号 | 借　方 | 贷　方 | 方向 | 余　额 | 标记 |
|---|---|---|---|---|---|---|---|
| 2016-09-01 | 期初余额 | | | | 贷 | 200 000.00 | |
| 2016-09-04 | 转支 | 0000107 | 55 000.00 | | 贷 | 145 000.00 | √ |
| 2016-09-12 | 转支 | 0000230 | 35 000.00 | | 贷 | 110 000.00 | √ |

续表

| 日　期 | 摘　要 | 账单号 | 借　方 | 贷　方 | 方向 | 余　额 | 标记 |
| --- | --- | --- | --- | --- | --- | --- | --- |
| 2016-09-18 | 收入存款 | 0000359 |  | 80 000.00 | 贷 | 190 000.00 | √ |
| 2016-09-22 | 收入存款 | 0000413 |  | 60 000.00 | 贷 | 250 000.00 | √ |
| 2016-09-26 | 转支 | 0000185 | 25 000.00 |  | 贷 | 225 000.00 | √ |
| 2016-09-30 | 收入存款 | 0000296 |  | 35 000.00 | 贷 | 260 000.00 |  |
| 2016-09-30 | 付出 | 0000461 | 18 000.00 |  | 贷 | 242 000.00 |  |
| 2016-09-30 | 期末余额 |  |  |  |  | 242 000.00 |  |

根据表 9.5 编制 2016 年 9 月银行存款余额调节表，见表 9.6。

**表 9.6　银行存款余额调节表**

2016 年 9 月 30 日　　　　单位：元

| 项　目 | 金　额 | 项　目 | 金　额 |
| --- | --- | --- | --- |
| 企业银行存款日记账余额 | 231 000 | 银行对账单余额 | 242 000 |
| 加：银行已收款、企业未收款 | 35 000 | 加：企业已收款、银行未收款 | 16 000 |
| 减：银行已付款、企业未付款 | 18 000 | 减：企业已付款、银行未付款 | 10 000 |
| 调节后的存款余额 | 248 000 | 调节后的存款余额 | 248 000 |

# 第 10 章　销售会计岗位工作内容

收入作为企业最大的资金流入量，其确认、核算关系的准确性直接关系公司经济利益的流入。销售会计是对企业对外销售商品、提供劳务取得的收入进行确认并核对单位间业务往来的岗位。销售会计主要针对产品出售后的业务进行账务处理。具体包括收入确认、应收挂账和回款核销等，但并不是产品出售了就一定会确认收入的。财务人员在进行商品销售的会计处理时，首先要考虑销售商品收入是不是满足收入确认的条件。

## 10.1　收入的确认

正确理解收入的概念，是销售会计做好收入核算的重要前提。在理解收入概念时，要注意以下两个方面：

### 1) 日常活动的含义

收入是企业日常经营活动中产生的经济利益的流入，而偶然的交易或事项中产生的利益流入不是企业的收入。例如，生产制造业进行商品的销售取得的收入是日常活动产生的，而处置固定资产、税收补贴等非日常活动中产生的利益流入不属于收入，这种称为利得。

### 2) 收入会导致企业经济利益的流入

但并不是所有经济利益的流入都是企业的收入，如所有者投入资本和为第三方或客户代收的款项，以及企业代国家收取的增值税等。

## 10.2　收入的分类

收入有多种不同的分类方法。

①按照收入的性质，收入可分为销售商品收入、提供劳务收入和让渡资产使用权等取得的收入。

②按照企业经营业务的主次分类,收入可分为主营业务收入和其他业务收入。

## 10.3　收入的确认时间

不是所有的商品售出后就要确认收入的,如果企业已经售出的商品不符合销售商品收入的确认条件,就不应该确认为收入。实务中,经常会出现一种情况,即购货方因业务紧急,销售方出于信任把商品先发出,合同协议还未签订,结算方式也并没落实,或者也只是有口头协议。销售方商品已经出库,为了能反映这部分商品的成本,便设置"发出商品"科目,"发出商品"是用来核算已经发出但还没有确认销售收入的商品成本。对于销售收入的确认时间,也因购销双方结算方式不同而采用不同的时间点加以确认。通常情况下,如果销售方委托银行收款,采用的是托收承付方式销售商品,则在办妥相关手续时要确认收入;对现款现货方式销售商品的,在收到货款时间确认收入。根据销售方式不同,收入确认时间见表 10.1—表 10.3。

### 1)销售收入确认时间

**表 10.1　销售收入确认时间**

| 销售方式 | 确认时间 |
|---|---|
| 托收承付 | 办妥托收手续时确认收入 |
| 预收款 | 发出商品时确认收入 |
| 安装检验 | 收到商品且检验完毕时确认收入;安装程序简单,在发出商品时确认收入 |
| 代销 | 收到代销清单时确认收入 |
| 分期付款 | 合同约定的收款日期确认收入 |

### 2)提供劳务收入确认时间

**表 10.2　劳务收入确认时间**

| 劳务类别 | 确认时间 |
|---|---|
| 安装费 | 1.应根据安装完工进度确认收入<br>2.安装工作是商品销售附带条件的,安装费在确认商品销售实现时确认收入 |
| 宣传媒介的收费 | 1.在相关的广告或商业行为出现于公众面前时确认收入<br>2.广告的制作费,应根据制作广告的完工进度确认收入 |
| 软件费 | 为特定客户开发软件的,根据开发的完工进度确认收入 |
| 服务费 | 包含在商品售价内可区分的服务费,在提供服务的期间分期确认收入 |

续表

| 劳务类别 | 确认时间 |
|---|---|
| 艺术表演、招待宴会的收费 | 在相关活动发生时确认收入 |
| 劳务费 | 长期为客户提供重复的劳务收取的劳务费在劳务活动发生时确认收入 |

### 3)其他收入确认时间

表 10.3 其他收入确认时间

| 其他收入 | 确认时间 |
|---|---|
| 转让股权 | 转让协议生效且完成股权变更手续时确认收入 |
| 股息、红利等权益性投资收益 | 按照被投资方做出利润分配决定的日期确认收入 |
| 利息收入 | 按照合同约定的债务人应付利息的日期确认收入 |
| 租金收入 | 按照合同约定的承租人应付租金的日期确认收入 |
| 特许权使用费收入 | 按照合同约定的特许权使用人应付特许权使用费的日期确认 |
| 接受捐赠 | 按照实际收到捐赠资产的日期确认收入 |

## 10.4 销售会计工作内容

### 1)产品出厂的销售会计处理

销售会计要做好销售单据的审核、汇总,核查销售单据产品价格、数量是否存在问题。此外,销售会计还要定期对销售单据进行核实,对销售单据回收联抽查,业务部门是否按照单位销售结算流程操作。企业产品发货后财务人员要视收入确认条件是否满足,账务处理有所不同。

(1)如果尚未满足收入确认条件时,按照发出商品的实际成本

借:发出商品

　　贷:库存商品

(2)等到发出的商品已经满足收入确认条件时

借:应收账款

银行存款

贷:主营业务收入

应交税金——增值税——销售项税

借:主营业务成本

贷:发出商品

**2)开具发票**

根据购货方提供的结算信息,与销售清单核对产品的名称、数量、金额是否与公司销单、发货一致。审核开票价格是否与协议一致,审核客户的开票资料是否有变,更改的内容应及时在税务系统里更改,以免开错发票造成退票。

开具发票后,销售会计岗位要对发票进行审核,项目有发票的张数、客户的开票信息、发票金额,所开票产品的名称与规格是否与开票信息一致。销售会计按购货方单位打印发票签收单,与所开对应增值税发票一起整理,按客户的需求时间将发票寄出,并把快递派送单号记录备查,然后确认、汇总发票签收情况表。

**3)发票开后退回的处理**

①公司开错发票未寄出时,销售会计在当月可及时作废并重开。

②如当月发现上月发票开错,对方也未接收认证时,当月销售会计应写证明交到税务局以开具红票申请。

③如果发票开错间隔一个月以上,360 天以内才发现,且购货方尚未收到发票,则需要购货方开具拒绝接收发票的证明,并让购货方加盖财务专用章,到税务局开具红票申请。销售会计账务处理如下:

借:应收账款(红字)

贷:主营业务收入(红字)

应交税金——增值税——销售项税(红字)

借:主营业务成本(红字)

贷:发出商品(红字)

④如果超出 360 天的认证时间购货方把发票退回时,此时销售方已不能做红冲处理,只能让对方先接收过期发票,然后由对方到其所在税务机关申请开具退货红冲通知单,销售方根据退货红冲通知单开具红字发票,这样相当于开票税金由购货方承担了。

**4)财务往来账的核对**

购销双方采用电子对账的,销售方财务人员可将当期销售清单及账款情况明细表传到对方财务,如有差异可及时与业务联系或直接找财务部进行核对。最好一个季度与客户发一次对账函,要求双方盖章确认。

购销双方采用线下对账的,销售方财务人员可将对账函交予业务联系人,再由业务人员带至对方核对,财务往来对账函要求双方都要加盖财务章。对账函格式如图 10.1

所示。

企业对账函

致：　　　　公司

为便于核对账目，现将我公司截至201×年××月××日与贵公司的账款往来进行列示。

下列数据出自本单位账簿记录，如与贵单位记录相符，请在本函下“信息证明无误”处签章证明；如有不符，请在“信息不符”处列明不符合金额后签章。

回函请直接寄至本单位：××省××市××区××街××号

联系电话：023-××××××××　　　　　　　　传真：023-××××××××

谢谢合作！

1.截至201×年××月××日本单位与贵单位的往来账列示：

| 往来账款性质 | 金额小写 | 金额大写（人民币） | 备　注 |
| --- | --- | --- | --- |
| 货款 | 500 000 | 伍拾万元整 | |
| | | | |
| | | | |

2.其他事项

本函仅为对账之用，请及时函复为盼。

公司

单位盖章

201×年××月××日

结论（由被函证单位填列）：

| 1.证明信息无误<br>经办人：<br>被函证单位盖章<br>日期：201×年××月××日 | 2.信息不符（请列明不符的详细情况）<br>经办人：<br>被函证单位盖章<br>日期：201×年××月××日 |
| --- | --- |

图10.1　企业对账函

### 5)应收账款处理

企业在销售过程中往往会产生赊销的情况,即商品已销售出去,但货款尚未收到。根据这种销售方式,当企业出现应收账款时,应按开具的增值税专用发票价税合计编制分录。

借:应收账款

　　贷:主营业务收入

　　　　其他业务收入

　　　　应交税费——应交增值税(销项税额)

实际工作中,很多企业对上述分录的编制已不再用人工录入分录的方式进行处理。实务中,企业更多采用的方式是:销售方产生销售通过系统录入销售订单,销售订单经财务人员复核无误后提交审批,财务系统自动生产收入的确认分录(上述分录)。当企业收到购货方的货款时,财务人员在财务系统录入回款的分录如下:

借:银行存款

　　贷:应收账款

这样,便完成了销售收入确认与回款的程序。如果销售方想知道得更细致,哪笔回款对应了哪笔订单,企业便可利用应收账款核销功能完成。应收账款核销是指财务人员进入销售订单核销模块,进入此模块后,企业所有的销售订单都会体现出来,同时企业的回款也都会体现出来,财务人员根据回款金额勾选对应的销售订单,便完成了应收账款的核销。已经核销的订单与相应的回款将不再体现在此模块。现阶段企业财务处理基本已实现财务系统操作,在企业应收账款挂账及后续处理中,因为有了财务系统,从而使企业财务人员节省了大量的时间。

### 6)销售折扣确认

实际工作中,企业为了增强市场占有率与竞争力往往还会采用附有销售折扣条件的方式。销售折扣一般有两种方式,即商业折扣和现金折扣。

(1)商业折扣

商业折扣是指销售方为了扩大销售、占领市场给予购货方一定商品价格上的优惠。商业折扣是企业最常用的促销方式之一。为了增大销量,企业往往采用"以量定价"的策略,即购货方销量越大,给予的折扣越多。也就是通常所说的"薄利多销",如经常遇到的促销活动,购 1 件打 9 折,购 2 件打 8 折,购 3 件 7.5 折等。

①商业折扣入账原则

企业会计制度规定,销售方采用商业折扣方式销售货物的,应当按扣除折扣后的金额确认收入,即以最终成交价格进行商品收入的计量。

**【例 10.1】**　甲企业向乙企业销售商品,产品单位价为 20 元/件,增值税税率为 17%。甲企业与乙企业签订了销售合同,合同约定乙企业如果一次性购入甲企业商品 1 000 件,便给予 10%的商业折扣,乙企业向甲企业购入产品 2 000 件,货款尚未支付(甲企业、乙企业均为增值税一般纳税人)。

甲企业确认收入,按扣除商业折扣后入账,即

应收账款科目余额=2 000 件×20 元/件×(1+17%)×(1-10%)= 42 120 元

主营业务收入=2 000 件×20 元/件×(1-10%)= 36 000 元

甲企业账务处理如下:

借:应收账款　　42 120

　贷:主营业务收入　　36 000

　　应交税费——应交增值税(销项税额)　　6 120

②商业折扣纳税处理原则

依税法规定:纳税人采取折扣方式销售货物,如果销售额和折扣额在同一张发票上分别注明的,可按折扣后的销售额征收增值税;如果将折扣额另开发票,不论其在财务上如何处理,均不得从销售额中减除折扣额。因此,企业采用商业折扣销售商品时,纳税人要特别注意,销售额与折扣额是否在同一张发票上。之所以这样规定,是因为如果销售额与折扣额分开开发票,即销售额开一张销售发票,折扣额再开一张红字发票,对于销售方来说最终是按折扣后的金额计算销项税,而对于购进方来说确是按没有扣减折扣的金额抵扣进项税。这就使得增值税征税、扣税不一致,容易造成混乱。

【例 10.2】 甲企业向乙企业销售商品,销售总价为 20 000 元,增值税税率为 17%。甲企业与乙企业签订了销售合同,合同约定给予乙企业 10%的商业折扣,销售发票已开,货款尚未收到(甲乙均为增值税一般纳税人)。

假设甲企业将销售额与折扣额开在同一张发票上,其账务处理如下:

借:应收账款等　　21 060

　贷:主营业务收入　　18 000

　　应交税金——应交增值税(销项税额)　　3 060

假设甲企业将销售额与折扣额分别开具发票,账务处理为:如果发票开具的金额为 100 元,又另开具 10 元的折扣发票。其会计记账如下:

借:应收账款等　　21 060

　销售费用　　340

　贷:主营业务收入　　18 000

　　应交税金——应交增值税(销项税额)　　3 400

(2)现金折扣

现金折扣是指企业为了鼓励客户在一定时期内,能够尽早偿还货款而提供的一种折扣优惠。现金折扣的表示方式为 2/10,1/20,n/30(即 10 天内付款,货款折扣为 2%;20 天内付款,货款折扣为 1%,30 天内全额付款)。例如,A 企业向 B 企业销售一批商品,价值20 000元,付款条件为 2/10,1/20,n/30,如果 B 企业在 10 日内付款,享受 2%的折扣,只需支付 19 600 元(20 000 元×98%);如果 B 企业在 20 日内付款,享受 1%的折扣,需支付19 800元(20 000 元×99%);如果 B 企业在 30 日内付款,不享受折扣,需全额付款 20 000元。

现行会计制度规定,现金折扣在实际发生时作为当期费用处理。在我国现金折扣采用总价法核算,由此形成并计入费用的折扣差额,可在税前扣除。因为现金折扣是为了早日收回资金而给予客户的一种资金减让,本质上是一种融资行为,故是一种财务费用。商业折扣与现金折扣的区别见表 10.4。

**表 10.4　商业折扣与现金折扣的区别**

| 折扣方式 | 折扣含义 | 对收入和增值税税额的影响 | 对营业利润的影响 |
|---|---|---|---|
| 商业折扣 | 针对商品价格给予的扣除 | 按折扣后的金额确认收入和销项税额 | 减少营业利润 |
| 现金折扣 | 鼓励客户在一定时期内早日付款 | 按折扣前的价款确认收入和增值税税额 | 减少营业利润 |

【例 10.3】　某增值税一般纳税人企业销售一批产品,售价(不含税)30 000 元,现金折扣条件为 2/10,1/20,n/30,增值税税率为 17%。产品于 2016 年 3 月 1 发出,发票已开具,货款尚未收到。

①3 月 1 日企业发出商品确认收入,会计分录如下:

借:应收账款　　35 100

　贷:主营业务收入　　30 000

　　应交税金——应交增值税(销项税额)　　5 100

②企业在 3 月 8 日收到上述货款,其会计分录如下:

借:银行存款(35 100-600)　　34 500

　财务费用(30 000×2%)　　600

　贷:应收账款　　35 100

③企业在 3 月 15 日收到上述货款,其会计分录如下:

借:银行存款(35 100-300)　　34 800

　财务费用(30 000×1%)　　300

　贷:应收账款　　35 100

④企业在 3 月 23 日收到上述货款,其会计分录如下:

借:银行存款　　51 000

　贷:应收账款　　51 000

(3)销售返利

为调动经销商销售的热情和积极性,实务中很多企业会制订返利奖励政策。返利一般是销售方根据设定的销售量标准,采用等级制度,以现金或实物的形式向经销商进行奖励。根据奖励方式不同,返利一般有以下 3 种形式:

①达到规定数量赠实物的形式

例如,在一个月内,销售产品 10 000 台,赠配件 200 套。销售返利如采用返回所销售商品方式的,则根据税法的规定,应视作销售处理,并计缴增值税。

支付销售返利方,则财务处理如下:

借:销售费用

　贷:库存商品

　　应交税费——应交增值税(销项税额)

②直接返还货款的形式

销售返利如采用支付货币资金形式的,支付销售返利方,作为费用处理。其财务处理如下:

借:销售费用

　贷:银行存款

但在实际工作中,有些企业的会计处理方法不尽相同。有的企业账务处理如下:

借:主营业务收入

　贷:银行存款

收到返利方用来冲减销售成本,如查对方开具的是红字发票时,还应将进项税金转出。其财务处理如下:

借:银行存款

　贷:主营业务成本

　　应交税费——应交增值税(进项税额转出)

③冲抵货款的形式

例如,在一定时期(通常为一年)购买企业产品 50 000 件,返利为进货总金额的 1%,购买至 100 000 件返利为进货总金额的 1.5%。以此类推,返利直接在达到标准后的购货款中按比例抵减(这是实务中企业较常用的返利形式)。

销售返利如采用销售发票直接扣减方式,处理方法与商业折扣一致(实务中常用此法)。如果将返利额另开发票,销售方需先开红字发票冲减销售收入和相应的销项税额,销售方账务处理如下:

借:主营业务收入

　应交税费——应交增值税(销项税额)

　贷:银行存款

(4)销售退回的处理

①未确认收入的售出商品发生的销售退回,账务处理如下:

借:库存商品

　贷:发出商品

如果商品在发出时已缴纳增值税,账务处理如下:

借:应交税费——应交增值税(销项税额)

　贷:应收账款

②已确认销售商品收入的售出商品发生销售退回的,应在商品退回时冲减当期销售商品收入、销售成本等。其财务处理如下:

借:主营业务收入

应交税费——应交增值税(销项税额)

贷:应收账款

借:库存商品

贷:主营业务成本

## 10.5　销售过程中涉及的账务处理

### 1) 销售商品,货款尚未收到

账务处理如下:

借:应收账款

贷:主营业务收入

应交税费——应交增值税(销项税额)

### 2) 销售商品,对方以票据方式结算

账务处理如下:

借:应收票据

贷:主营业务收入

应交税费——应交增值税(销项税额)

### 3) 货款已收,商品尚未发出时

账务处理如下:

借:银行存款

贷:预收账款

注意:实际工作中,很多单位是不设置"预收账款"科目的,只设置"应收账款"科目。当企业收到对方单位预付的货款时,一般记入"应收账款"贷方;当商品发出时,再冲减"应收账款"。

### 4) 收到预收货款

账务处理如下:

借:银行存款

贷:应收账款

### 5) 商品发出,确认收入时

账务处理如下:

借:应收账款

贷:主营业务收入

应交税费——应交增值税(销项税额)

### 6)销售其他货物(不是企业主营产品,如销售材料),对方货款已付

账务处理如下:

借:银行存款

贷:其他业务收入

应交税费——应交增值税(销项税额)

### 7)为销售产品支付的广告宣传费时

账务处理如下:

借:销售费用

贷:银行存款/应付账款

### 8)结转已销售的产品成本时

账务处理如下:

借:主营业务成本

贷:库存商品

借:其他业务成本

贷:原材料

# 第11章　成本、费用会计岗位工作内容

## 11.1　成本会计核算思路

成本是企业生产经营过程中为取得经济利益流入需预先耗用或支付的经济资源。所有公司老板都比较关注企业成本因素,毕竟它直接影响企业利润。企业的成本核算是成本管理中最重要的部分。企业成本核算是把企业生产经营过程中产生的各种支出、耗用按照一定的方法进行归集、分配,以计算出产品总成本和单位成本。

在学习会计课程中,教材总是在各章节中论述成本核算的理论及成本核算方法,而没有与企业的实际业务相联系。下面介绍企业成本核算的流程,如图11.1所示。

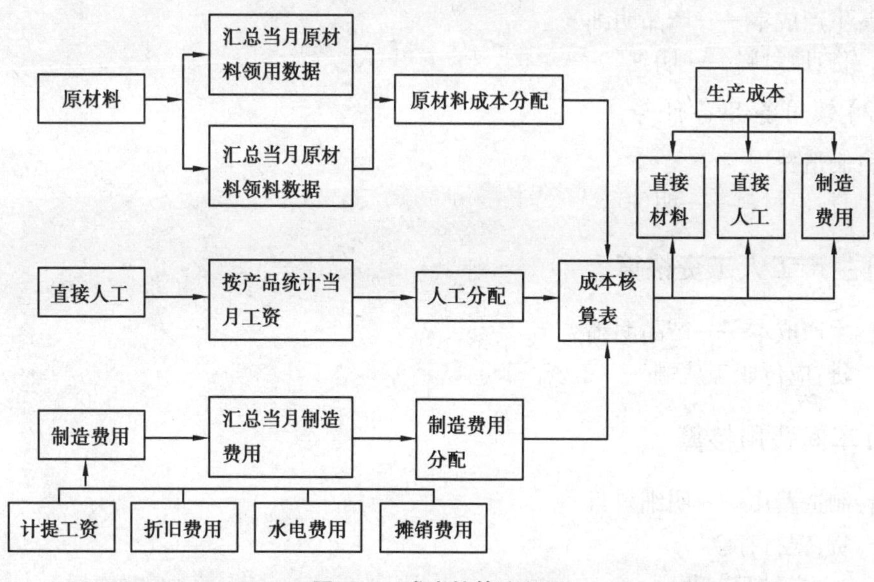


图11.1　成本核算流程图

按照图11.1的成本核算流程,在实务核算中财务人员需注意的是:制造费用的来源一般有企业日常报销的费用(车间)、计提摊销的部分、车间管理人员的工资。这里首先

要归集所有的费用,然后再分配。直接材料是与产品生产直接相关的支出,间接的部分不要放到这里;直接人工指的是生产工人的工资。料工费汇集后再按一定的方法进行分配,并分配到产成品中,这样成本即可计算。

简单来讲,企业成本核算流程的核心点在于各项成本支出的归集与再分配。企业成本核算流程简图如图 11.2 所示。它具体可分为以下 4 个步骤:

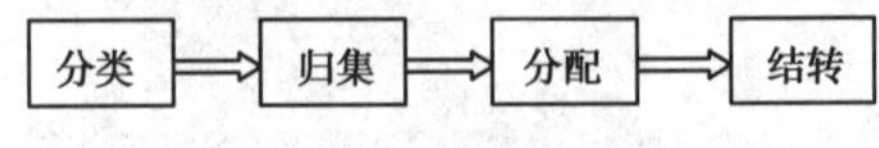


图 11.2　企业成本核算流程简图

①确定成本对象。

②根据成本对象,按成本项目归集费用(即成本=料+工+费)。

③按照一定的方法进行费用的分配,计算完工产品和未完工产品成本。

④结转完工产品成本,进行相应的账务处理。

## 11.2　成本会计账务处理

### 1)领用材料

领用的材料要按用途不同,区分主要材料、辅助材料等。

(1)领用生产产品的材料

借:生产成本——产品明细
　　贷:原材料——明细

(2)领用备品备件等

借:制造费用
　　贷:原材料——明细

### 2)生产工人工资核算

借:生产成本——产品明细
　　贷:应付职工薪酬——工资

### 3)车间费用核算

借:制造费用——明细科目
　　贷:银行存款
　　　　应付职工薪酬

### 4)月末制造费用结转

借:生产成本——产品明细

贷:制造费用

### 5)月末完工产品与在产品进行分配

分配表格式见表 11.1。

表 11.1　产品成本计算单

车间名称:

产品名称:　　　　　　　　　　年　月　日　　　　　　　　　　完成产量:

| 成本项目 | 月初产品成本 | 本月生产费用 | 费用合计 | 约当产量 | 分配率 | 完工产品成本 |
|---|---|---|---|---|---|---|
| 直接材料 | | | | | | |
| 直接工资 | | | | | | |
| 制造费用 | | | | | | |
| 其他直接支出 | | | | | | |
| 合　计 | | | | | | |

制表:　　　　　　　　　　　　　审核:

### 6)完工产品入库

借:库存商品——明细

　贷:生产成本——明细

实际工作中,很多人一提到成本核算,都会觉得很复杂、很辛苦的业务环节。我们通过图的形式对成本核算流程进行梳理,由成本核算流程图可知,成本核算的关键在于会计核算与生产有关,明确费用的产生、归集与分配的正确性是核心。因此,成本核算的重点是应熟悉企业的生产流程,这样才能准确地处理成本核算业务,并将所学的会计理论知识应用到实际工作中。

## 11.3　费用会计涉及的内容

对于企业来说,费用报销是制度性较强的流程模块,每个企业都会根据自身的实际情况设置相应的报销制度与报销流程。费用报销也是财务人员日常规范最多、处理最多的事务。因内部管理的需要,规范企业报销行为是提高企业工作效率、明确权责关系的重要手段。相对来说,费用会计的工作内容重复性大,监督职能强。因此,费用报销时会计人员应重点关注发票的合法性与合规性、企业报销制度与报销流程的手续完备性、报销项目的涉税风险等。

在实务账务处理中,通常提到的费用会计的费用,指的是企业经营中产生的期间费用,即管理费用、财务费用和销售费用。

### 1)管理费用日常处理

管理费用一般是指企业行政管理部门发生的日常费用。它通常有差旅费、办公费、房屋租金、交通费、水电费及招待费等。新办企业在筹建期间所发生的各种开办费也要记入"管理费用"科目,如开办期间的各种办公费、人员培训费、注册登记费、差旅费及资料印刷费等。

企业应通过"管理费用"科目,核算管理费用的发生和结转情况。该科目借方登记企业发生的各项管理费用,贷方登记期末转入"本年利润"科目的管理费用,结转后该科目应无余额。

企业日常费用的报销,当月根据各种发票账务处理如下:

借:管理费用——明细

　　贷:银行存款

企业行政管理部门人员的职工薪酬,当月根据工资表账务处理如下:

借:管理费用

　　贷:应付职工薪酬

企业按规定计算确定的应交房产税、车船税、土地使用税及矿产资源补偿费等,其账务处理如下:

借:管理费用

　　贷:应交税费

企业行政管理部门发生的办公费、水电费、差旅费等,以及企业发生的业务招待费、咨询费、研究费用等其他费用,其账务处理如下:

借:管理费用

　　贷:银行存款

期末,应将"管理费用"科目余额转入"本年利润"科目,其账务处理如下:

借:本年利润

　　贷:管理费用

【例 11.1】 某企业用现金支付电费 358.09 元。应编制的会计分录如下:

|  |  |  |
|---|---|---|
| 借:管理费用——电费 | 358.09 | |
| 　　贷:库存现金 | | 358.09 |

【例 11.2】 A 企业为一般纳税人企业,2015 年某月支付水费及物业管理费1 979.5元,并取得增值税专用发票,款项已用现金支付。企业会计分录编制如下:

|  |  |  |
|---|---|---|
| 借:管理费用——水费 | 48.74 | |
| 　　　　　——物业管理费 | 1 820.09 | |
| 　　应交税费——应交增值税(进项税额) | 110.67 | |
| 　　贷:库存现金 | | 1 979.5 |

### 2)销售费用日常处理

销售费用是指企业在销售产品、自制半成品和提供劳务等过程中发生的各项费用。

它包括由企业负担的包装费、运输费、广告费、销售部门人员工资、职工福利费、差旅费、折旧费、修理费及其他经费等。简单来讲,企业销售部门发生的日常经营支出的费用应计入销售费用。销售费用核算方法与管理费用一致。当费用发生时,记入“销售费用”科目,期末“销售费用”科目无余额,全部转入“本年利润”借方。

【例 11.3】　2016 年 10 月某公司为了宣传新产品,发生了 100 000 元的广告费,并以银行存款支付。应编制的会计分录如下:

借:销售费用　　100 000

　　贷:银行存款　　100 000

【例 11.4】　某公司销售部,在 2016 年 10 月份共发生了 135 000 元的费用。其中,销售人员的工资薪酬为 105 000 元,销售部办公设备的折旧费为 10 000 元,销售人员出差费用 20 000 元。以上款项均以银行存款支付,应编制的会计分录如下:

①支付销售人员工资及差旅费,账务处理如下:

借:销售费用——工资　　105 000

　　　　　　——差旅费　　20 000

　　贷:应付职工薪酬　　105 000

　　　　银行存款　　20 000

借:应付职工薪酬　　105 000

　　贷:银行存款　　105 000

②计提销售部门办公设备折旧,账务处理如下:

借:销售费用　　10 000

　　贷:累计折旧　　10 000

综合例 11.3 和例 11.4,到了月底,企业结转销售费用,账务处理如下:

借:本年利润　　235 000

　　贷:销售费用　　235 000

### 3)财务费用日常处理

财务费用是指企业在生产经营过程中为筹集资金而发生的筹资费用。它包括企业筹资取得借款而发生的借款利息费用、企业银行账户存款取得的利息收入、银行交易的各种手续费,以及企业为加快货款回收速度而发生的现金折扣等。但企业在筹建期间发生的利息支出,应计入管理费用。“财务费用”科目的核算规则如下:

①企业需要支付的借款利息、手续费等,账务处理如下:

借:财务费用

　　贷:应付利息

　　　　银行存款

　　　　库存现金

②企业取得的应冲减财务费用的利息收入,账务处理如下:

借:银行存款

贷:财务费用

③期末将“财务费用”的余额转入“本年利润”科目,财务处理如下:

借:本年利润

贷:财务费用

【例 11.5】 某企业于2009年6月1日向某银行借入一笔款项金额为2 500 000元,期限为6个月,年利率为5%。企业取得的借款利息分月预提,按季支付,到期还本。假设在6月份时,其中的2 000 000元暂时作为闲置资金被存入了银行,还获得了701.65元的利息收入。

应编制的会计分录如下:

①6月末,计提当月应付利息为:2 500 000元×5%÷12=10 416.67元。

借:财务费用 10 416.67

贷:应付利息 10 416.67

②同时,当月取得了701.65元的利息收入,作为冲减财务费用处理,应编制的会计分录如下:

借:银行存款 701.65

贷:财务费用 701.65

③到了月底,企业将“财务费用”科目余额转至“本年利润”,财务处理如下:

借:本年利润 9 715.02

贷:财务费用 9 715.02

## 11.4 费用发票取得的注意事项

实务中,很多企业想通过增加费用的形式来达到节税的目的,但费用发票的取得名目中也包含着一些涉税风险,怎样合理地进行费用的账务处理,下面从企业活动中较常见的几点说起。

### 1)餐饮发票

餐饮发票是业务招待费的主体,相信很多会计人员都是把餐饮发票计入“业务招待费”的,虽然在会计与税务未对业务招待费有明显的界定,但餐饮发票直接计入“业务招待费”还是有不妥的地方,要视餐饮发票取得来源不同分别记入不同科目。并非所有的餐饮费都需要计入业务招待费,要视情况将其分别记入业务招待费、差旅费、会议费等。例如,企业员工出差,一般按规定都有相应的餐费补贴,如果是员工出差期间在补贴范围内的餐饮消费,则要计入“差旅费”中;又如,企业在经营期间召开的会议,在会议期间避免不了会产生会议人员的住宿、餐饮费用,故同样会取得餐饮发票,此时餐饮发票便可计入“会议费”,但企业要提供会议通知、会议签到等会议证明。因此,餐饮发票与业务招待费二者不能完全画等号。实际工作中,相信很多会计人员在做业务招待费的账务处理时,是根据费用报销所属部门将业务招待费分别计入“管理费用”或“销售费用”的。但是,业务招待费正确的做账方法是计入“管理费用”,不管是计入“管理费用”还是计入“销售费用”,企业在最终所得税汇算时只要不超出规定比例都是允许税前抵扣的。因此,税务相关部门也并没有强制要求计入“管理费用”。

2)礼品发票

很多企业认为礼品是“业务招待费”的一种,礼品发票可以直接计入“业务招待费”,但如果企业大量列支了礼品发票,又拿不出合理的列支证据,礼品发票则隐藏着巨大的税务风险。首先,如果企业赠送礼品给他人,购入的增值税进项税额不能抵扣;其次,企业如赠送礼品给他人,需要代扣代缴个人所得税,税率为 20%;最后,礼品费作为企业的业务招待费,不得在所得税前全额扣除,其扣除标准同业务招待费。企业在费用报销时,不允许报销礼品费发票。

3)手机话费

实务中,很多企业都会给员工报销电话费或给予电话费补贴。但是,现在的手机号都是实名制,到运营商营业大厅开具话费发票时,发票抬头只能是个人名字。个人名字的发票在很多地方税务机关是不认可的,只有开具了公司名称的发票税务机关才予以税前抵扣。有些税务机关就要求企业把电话费放到员工工资里以补贴的形式支付,但企业老板又不愿意这样操作,因为一旦公司与员工发生了解聘行为,企业就要多付工资给员工。因此,企业员工手机话费发票最好由单位统一向运营商购买充值卡,然后按企业报销标准发放给员工。这样,企业便可从运营商处取得开有公司抬头的发票。

4)办公用品发票

实务中,很多企业总有一部分支出是无法取得发票或是取得发票有问题的。为了弥补或冲抵这部分支出,许多报销人员就去超市购买东西,然后全额开具办公用品的发票。其原因就在于办公用品发票取得非常容易,不少企业也把一些不能透明的、不好拿到账面上的支出利用办公用品发票使其变成合理化的开销。但是,从 2017 年 7 月 1 日起,消费者在商场超市购物开具的发票将不能再开具“办公用品”项目,所有发票的开具将细化到实际购物明细。

5)水电费发票

企业租住写字楼时,一般的水电费都是由物业公司代收的,然后物业再统一交到水电公司,由水电公司开具发票给物业公司。因此,物业公司是开不出水电费发票的,物业公司只能给企业开出相关收据,即企业是索取不到水电费发票的。遇到这种情况,企业都是以物业公司出具的收据附上电力公司和自来水公司开具给物业的整体水电发票复印件一起作为记账依据。这里需要注意,企业因拿不到水电费发票就有可能存在相关的进项税额不能抵扣的现象。因此,解决的方法是:可让物业与税务机关沟通,确定是否可以以收据代替发票。如取得税务机关的认可，这样企业便可用收据、水电费发票复印件等相关资料取得进项税抵扣资格。

### 6)房屋租赁发票

企业租用办公场地，在签订房屋租赁合同时要注意房屋的来源是个人还是单位。如果是个人的房子，一定要注意发票的取得。因为一般个人房东是不会负责开具发票的，企业需要发票记账就需要去税务代开，而税务代开发票是要收税的，实际上这个税点也是由企业承担了。

### 7)交通充值发票

实务中，很多企业也会给员工交通补贴，但要求员工以费用报销的形式取得交通费发票才予以支付。我国的公交、地铁都是先充值再消费，并且发票一般是定额发票，公交、地铁的充值发票原则上是不能作为费用报销的凭证的。这是因为公交地铁充值行为实际是预付费性质，取得充值发票并不代表实际消费已经产生。另外，公交一卡通使公交卡代表的不仅仅是交通行为，还有可能是在商场、快餐店的消费行为，这就使费用属性存疑。因此，企业不应用公交充值发票报销费用，除非有特别证明说明的确是产生了合理的交通费用，否则是不会被税务机关认定的。

# 第 12 章 企业会计常见业务处理

## 12.1 筹资过程

### 1)投资者投入资本

企业接受投资者投入资本,根据投入资本的形态不同,分别记入不同科目。其账务处理如下:

借:银行存款/库存现金

　　原材料

　　固定资产

　　库存现金

　　库存商品

　　无形资产

　　应交税费应交增值税(进项税额)

　　贷:实收资本

　　　　资本公积(投资额超出应享有份额部分)

【例 12.1】 2016 年 1 月 1 日,乙投资者向 A 有限责任公司投入以下资产:货币资金 600 000 元,设备 1 台价值 200 000 元,专利技术一项价值 250 000 元。双方协议规定,乙投资者拥有 A 有限责任公司的资本份额 800 000 元,A 公司接受投资者投资的会计分录编制如下:

| |  |  |
|---|---|---|
| 借:银行存款 | 600 000 | |
| 　固定资产 | 200 000 | |
| 　无形资产 | 250 000 | |
| 　贷:实收资本 | | 800 000 |
| 　　资本公积——资本溢价 | | 250 000 |

2)取得借款

借:银行存款

　　贷:长期借款

　　　　短期借款应支付的利息

(1)预提短期借款利息

借:财务费用

　　贷:应付利息

(2)支付短期借款利息

借:应付利息

　　贷:银行存款

【例12.2】 2016年1月1日,A有限责任公司从银行取得一笔借款600 000元,期限为6个月,借款年利率4%,利息按月计提,每季度末支付一次,到期还本。其会计分录编制如下:

①2016年1月1日取得借款时

借:银行存款　　500 000

　　贷:短期借款　　500 000

②2016年1月31日预提借款利息

借:财务费用　　2 000

　　贷:应付利息　　2 000

之后2016年2月底做的分录同②。

③2016年3月31日企业支付利息

借:应付利息　　4 000

　　财务费用　　2 000

　　贷:银行存款　　6 000

④2016年6月30日企业还本付息

借:应付利息　　4 000

　　财务费用　　2 000

　　短期借款　　600 000

　　贷:银行存款　　606 000

## 12.2 投资过程

固定资产是指企业取得为生产产品、提供劳务、出租或者经营管理而持有的、使用时间超过一年的,以及价值达到一定标准的非货币性资产。它包括房屋、建筑物、机器、运输工具,以及其他与生产经营活动有关的设备、器具和工具等。

取得固定资产时,其会计分录编制如下:

借:固定资产

　　应交税费——应交增值税(进项税额)

　　贷:银行存款

【例 12.3】 2016 年 1 月 20 日,A 公司购入汽车一辆,发票价格价税合计为 135 600 元,增值税税率为 17%,款项以银行存款支付。A 公司编制分录如下:

| | | |
|---|---|---|
| 借:固定资产 | 115 897.44 | |
| 　　应交税费——应交增值税(进项税额) | 19 702.56 | |
| 　　贷:银行存款 | | 135 600 |

备注:企业外购固定资产的取得成本包括固定资产买价、相关税费(不含增值税,2009 年 1 月 1 日起固定资产购进时支付的增值税进项税额可以抵扣)、运杂费、包装费及安装费等。

如果企业购入的固定资产需要安装再交付使用,在固定资产尚未达到预定可使用状态前,要先将对需要安装的固定资产及为了安装所支付的各种材料、费用等记入“在建工程”科目。当安装完成后,再从“在建工程”科目转入“固定资产”科目。“在建工程”转入“固定资产”的条件:在固定资产完工后,要取得相关的工程验收记录、工程结算单(竣工结算单)方可转入固定资产。其分录编制如下:

借:固定资产

　　贷:在建工程

## 12.3　供应过程

### 1) 材料采购(实际成本法核算)企业同时取得发票

(1) 采购材料尚未入库

借:在途物资

　　应交税费——应交增值税(进项税额)

　　贷:银行存款

　　　　应付账款

　　　　应付票据

(2) 材料验收入库

借:原材料

　　贷:材料采购

(3) 采购材料直接入库

借:原材料

　　应交税费——应交增值税(进项税额)

贷:银行存款

### 2)采购材料暂时未取得发票

(1)原材料入库发票未到,月末暂估入账

借:原材料

贷:应付账款——暂估应付账款

(2)下月初冲回暂估

借:原材料(红字)

贷:应付账款——暂估应付账款等相关科目(红字)

(3)下月收到发票

借:原材料

应交税费——应交增值税(进项税额)

贷:应付账款

银行存款

### 3)购进材料支付运费,取得专用发票

借:原材料/在途物资

应交税费——应交增值税(进项税额)

贷:银行存款/应付账款等

**【例 12.4】** 2016 年 1 月 25 日,A 企业从 B 企业购进生产用材料一批,增值税专用发票注明材料价款 166 400 元,增值税税率为 17%。A 企业委托 C 运输公司将材料送达,C 公司开具专用发票运费 30 000 元,增值税税率为 11%(营改增后货物运输业一般纳税人增值税税率为 11%)。以上全部款项已用银行存款支付。编制会计分录如下:

借:原材料　　172 222.22

应交税费——应交增值税(进项税额)　　27 477.78

贷:银行存款　　199 700

### 4)通过预付款采购材料

(1)预付材料款时

借:预付账款

贷:银行存款

(2)材料采购验收入库(依据销售发开具的增值税专用发票和本单位入库单)

借:原材料

应交税费——应交增值税(进项税额)

贷:预付账款

# 12.4　生产过程

### 1) 生产领用材料

借:生产成本(产品耗用)
　制造费用(车间耗用)
　管理费用(行政部门耗用)
　贷:原材料

### 2) 工资分配

借:生产成本(工人工资)
　制造费用(车间管理人员工资)
　管理费用(行政部门工资)
　贷:应付职工薪酬

### 3) 计提折旧费

借:制造费用
　管理费用
　贷:累计折旧

### 4) 支付水电费

借:生产成本
　制造费用
　管理费用
　贷:银行存款

### 5) 发生修理费

借:管理费用(不管是车间产生,还是厂部产生)
　贷:银行存款

### 6) 月末结转制造费用

借:生产成本
　贷:制造费用

### 7) 结转完工产品成本

借:库存商品

贷:生产成本

### 8) 支付职工工资

借:应付职工薪酬
　　贷:银行存款

### 9) 员工借款

员工因公出差或取得借款,应先到财务部门领取借款单,按借款单格式填写,写清楚部门、借款原因、金额(大小写区分开),并有借款人本人签字、部门领导签字、财务领导审核、单位领导审批(借款单因各单位不同而有所差异)。员工取得借款时,会计分录编制如下:

借:其他应收款
　　贷:银行存款

报销差旅费:当员工出差回来,可将取得的差旅费报销单拿来冲抵之前的借款,也可以归还现金的方式还款,同时填写费用报销单。

【例 12.5】 2016 年 1 月 23 日,乙有限责任公司员工张某因出差预借差旅费 5 000 元。张某与 1 月 25 日出差回来,填写费用报销单冲减之前所借款项,同时退还现金 500 元。乙有限责任公司财务人员依据原始凭证编制会计分录如下:

借:管理费用　　4 500
　　库存现金　　500
　　贷:其他应收款　　5 000

## 12.5 销售过程

商品销售收入是从事商品交易,卖出商品所得到的收入。

为了总括反映企业产品销售收入的实现,应设置"主营业务收入"账户。

### 1) 销售产品

借:银行存款/应收账款
　　贷:主营业务收入
　　　　应交税费——应交增值税(销项税额)

### 2) 支付广告费

借:销售费用
　　贷:银行存款

### 3) 结转已销产品成本

借:主营业务成本

　　贷:库存商品

#### 4) 商品销售退回

借:主营业务收入
　　应交税费——应交增值税(销项税额)
　　贷:银行存款/应收账款
同时:
借:库存商品
　　贷:主营业务成本

## 12.6　利润形成与分配过程

#### 1) 接受捐赠或退税

借:银行存款
　　贷:营业外收入

#### 2) 罚款支出

借:营业外支出
　　贷:银行存款

#### 3) 结转损益类账户收入类

借:主营业务收入
　　其他业务收入
　　营业外收入
　　投资收益
　　贷:本年利润

#### 4) 结转损益类账户费用、支出费

借:本年利润
　　贷:主营业务成本
　　　　其他业务成本
　　　　管理费用
　　　　销售费用
　　　　财务费用
　　　　税金及附加
　　　　营业外支出

### 5) 计提所得税并结转

借:所得税费用
　　贷:应交税费——应交所得税
借:本年利润
　　贷:所得税费用

### 6) 结转本年利润

借:本年利润
　　贷:利润分配——未分配利润

# 第 13 章　财务人员日常实务问题

## 13.1　财务预算编制

### 1) 预算编制方法对比

财务预算是企业根据自身发展战略、经营目标编制的对企业未来可能实现的收入、支出进行预估及测算，是企业以货币及其他数量形式反映的，有关企业未来一段时间内全部经营活动各项目标的内容的具体计划与相应措施的说明。

财务预算按照编制方法的不同，可采用固定预算、弹性预算、增量预算、零基预算、定期预算及滚动预算等方法进行编制。财务预算编制方法对比分析见表 13.1。

表 13.1　财务预算对比分析表

| 编制方法 | 含　义 | 特　点 |
|---|---|---|
| 固定预算 | 按企业事先假定的业务量水平编制 | 编制简单，缺少可比性 |
| 弹性预算 | 能够随业务量水平的变化作机动调整 | 可比性强，具有弹性 |
| 增量预算 | 以基期成本费用水平为基础 | 受到原有费用项目的限制，可能保留原有不合理支出 |
| 零基预算 | 对所有的预算支出均以零点为基础 | 工作量较大 |
| 定期预算 | 以不变的会计期间(年度)作为预算期编制 | 远期指导性差，连续性差 |
| 滚动预算 | 预算期与会计期间脱离开，始终保持为 12 个月 | 是一种日常工作，工作量较大，连续性强 |

实务中,企业预算编制一般采用定期编制方法,在每年年底以部门为单位编制下一年度预算表。

### 2)财务预算编制流程

企业财务预算编制是一项系统工作。它能否顺利完成与实施涉及企业各部门间的紧密配合。企业财务预算编制流程如图 13.1 所示。

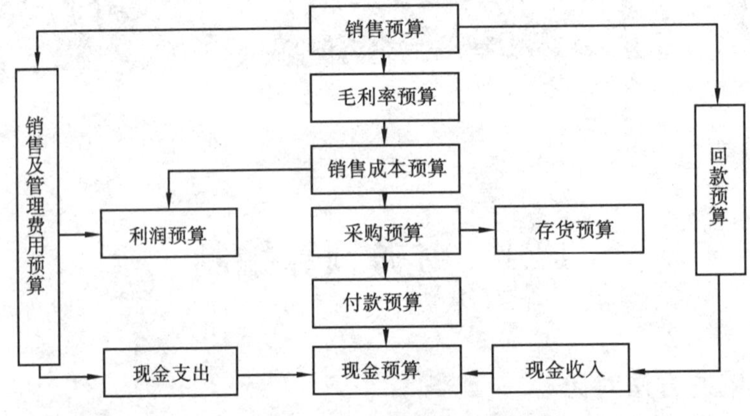


图 13.1 财务预算编制流程图

### 3)部门预算职责与编制方法

(1)销售预算

销售部门负责编制—根据企业年度预计销售量与销售价格下达数据分解目标。

(2)回款预算

销售部门负责编制—根据销售预算和信用政策进行编制分解。

(3)采购付款预算

采购部门负责编制—以销售预算为基础考虑期初存货和预计期末存货—根据销售数量、耗用量和库存量推出采购预算—根据采购预算和信用政策推出付款预算。

(4)销售费用预算

根据经营计划编制促销费、广告费等—根据费用报销制度编制差旅费、通信费、办公费—根据人事计划编制人员工资、奖金—根据历史数据进行分解。

(5)管理费用预算

根据费用报销制度及职工编制、薪酬标准编制差旅费、办公费、通信费、工资、社保、奖金等固定费用与变动费用。

(6)成本预算

由财务部计算编制—根据历史定价计算毛利率—推出销售成本。

(7)存货预算

由财务部汇总编制—根据采购预算、成本预算推出—存货结余=期初库存+本期采购-本期发出。

(8)利润预算

由财务部汇总编制—根据销售预算、成本预算、销售费用预算、管理费用预算编制—净利润=销售收入-销售成本-销售费用-管理费用(其他业务收入、财务费用、税金及附加、营业外收支可暂不考虑)。

(9)现金预算

由财务部汇总编制—根据销售回款、采购付款、销售费用、管理费用编制现金预算。

## 13.2　工资实务处理

### 1)工资薪酬组成

工资薪酬不仅与企业员工的个人利益息息相关,同时也是企业经营中占比较大的一项成本。工资作为企业成本当中的人力成本部分,其正确归集、分配与核算对整个企业财务管理工作来讲意义重大。实务中,企业工资的核算一般都涉及当月计提、跨月发放及代收代缴的问题。因此,相对其他费用处理来说,它显得有些复杂。

企业在处理工资业务的账务处理时,一般分两个步骤完成:一是工资的计提(一般在月底);另一个是工资的发放(一般在次月)。工资的处理也需分开考虑,一部分为企业应承担部分,另一部分为员工应承担的部分。

工资除了由基本工资、岗位工资、绩效工资、奖金及加班费等组成外,还包括五险一金(养老保险、医疗保险、失业保险、工伤保险和生育保险及住房公积金)。五险一金的扣除标准是根据工资的基数计算得出的。五险一金缴纳标准见表13.2。

**表13.2　五险一金缴纳标准**

| 险　种 | 单位缴纳比例/% | 个人缴纳比例/% | 备　注 |
|---|---|---|---|
| 养老保险 | 20 | 8 | 个人缴纳部分进入个人账户 |
| 医疗保险 | 10 | 2 | 个人缴纳部分进入个人账户 |
| 失业保险 | 1.5 | 0.2 | — |
| 工伤保险 | 0.5~2 | 0 | 个人不缴纳 |
| 生育保险 | 0.8 | 0 | 个人不缴纳 |
| 住房公积金 | 5~12 | 5~12 | 单位缴纳部分和个人缴纳部分之和进入个人账户 |

### 2)企业工资计提与发放财务处理

(1)工资计提

①每月月底计提当月工资、社保、住房公积金时,按照员工所属部门的工资金额计入相关的成本费用。其分录如下:

借:管理费用——工资
　　销售费用——工资
　　生产成本——工资
　　贷:应付职工薪酬——工资

②每月月底,按员工归属部门计提单位部分应承担的社保及住房公积金。其分录如下:

借:管理费用——社保、住房公积金(单位承担部分)
　　销售费用——社保、住房公积金(单位承担部分)
　　生产成本——社保、住房公积金(单位承担部分)
　　制造费用——社保、住房公积金(单位承担部分)
　　贷:应付职工薪酬——社保、住房公积金

(2)工资发放

一般情况下,企业都是在次月初发放上月的工资并缴纳上月的社保及住房公积金。因此,发放工资并代扣个人部分社保时,应做以下分录:

借:应付职工薪酬——工资
　　贷:其他应付款——社保、住房公积金(个人承担部分)
　　　　应交税费——应交个人所得税
　　　　银行存款

注意:上述分录中,“其他应付款”的社保、住房公积金指的是企业员工个人应承担的那部分社保及公积金。企业员工个人承担的社保部分,需要由单位代扣代缴,故在处理发放工资的账务时,员工个人部分应承担的这部分钱就从应发给员工的工资里扣出,待企业缴纳社保时与企业部分一起上缴。因此,暂时形成了企业的一项负债。

(3)缴纳社保

工资发放完毕,缴纳社保时应做以下分录:

借:应付职工薪酬——社保、住房公积金(单位承担部分)
　　其他应付款——社保、住房公积金(个人承担部分)
　　贷:银行存款

### 3)企业工资账务处理实例

某有限责任公司为增值税一般纳税人,20××年12月的工资结算汇总表见表13.3。

**表 13.3　某公司 20××年 12 月工资结算汇总表**

单位:元

| 车间(或)部门 | 月标准工资 | 应扣工资 | | 资金 | | 工资性津贴 | | 公司承担社保费 | 应付工资 | 代扣社保费 | 实发工资 | 备注 |
|---|---|---|---|---|---|---|---|---|---|---|---|---|
| | | 事假 | 病假 | 综合奖 | 单项奖 | 副食品补贴 | 夜班津贴 | | | | | |
| 车间生产工人 | 62 423.00 | | | 3 555 | | 3 472 | | 3 500 | 69 450 | 600 | 68 850 | |
| 车间管理人员 | 37 503.00 | | | 2 084 | | 2 083 | | 1 250 | 41 670 | 450 | 41 220 | |
| 小计 | 99 926.00 | | | 5 639 | | 5 555 | | 4 750 | 111 120 | 1 050 | 110 070 | |
| 行政管理部门 | 25 002.00 | | | 1 349 | | 1 349 | | 800 | 27 700 | 300 | 27 400 | |
| 合计 | 124 928.00 | | | 6 988 | | 6 904 | | 5 550 | 138 820 | 1 350 | 137 470 | |

财务主管:李进　　记账:王山　　复核:王立　　制单:黄山

(1)根据工资表计提 12 月员工工资

借:生产成本　69 450
　　制造费用　41 670
　　管理费用　27 700
　　贷:应付职工薪酬——工资　138 820
借:生产成本——社保　3 500
　　制造费用——社保　1 250
　　管理费用——社保　800
　　贷:应付职工薪酬——社保　5 550

(2)次月初发放员工工资

借:应付职工薪酬——工资　138 820
　　贷:其他应付款——社保公积金　1 350
　　　　银行存款　137 470

(3)缴纳社保

借:应付职工薪酬——社保公积金　5 550
　　其他应付款——社保公积金　1 350
　　贷:银行存款　6 900

## 13.3　增值税、企业所得税税负

税负是指实际缴纳的税款占相对应的应税销售收入的比例。税负也称税收负担率,是应交税费与主营业务收入的比率。税负可单指增值税税负、所得税税负等,也可把所有本年度上交的所有税款加总计算一个总体税负。

### 1)增值税税负率

增值税税负率是指企业当期应纳增值税税额占当期应税销售收入总额的百分比,即

$$税负率=\frac{当期应纳增值税}{当期应税销售收入}$$

【例 13.1】 一家生产电视的企业,电视的终端销售价格为 4 000 元,生产电视可抵扣的成本是 3 000 元,则增值税税负为

$$(4\ 000\ 元-3\ 000\ 元)\times17\%\div4\ 000\ 元\times100\%=4.25\%$$

### 2)所得税税负率

所得税税负率是指企业年度交纳的所得税额占该企业收入总额的百分比,即

$$企业所得税税负率=\frac{应纳所得税额}{销售收入}\times100\%$$

【例 13.2】 乙企业 2016 年度取得商品销售收入总额为 400 万元,企业当年应纳税所得额是 80 万元,该年度应纳所得税额是 16 万元,则所得税税负率为

$$16\ 万元\div400\ 万元\times100\%=4\%$$

### 3)行业预警税负率

(1)增值税行业预警税负率

一般情况下,企业税负率过低往往会引起税务局的关注,各行业的税负率是不同的。下面列示不同行业增值税预警税负率(因政策、经济环境不断在变化),表 13.4 中的数据仅供参考。

**表 13.4 不同行业增值税预警税负率**

| 序号 | 行 业 | 税负率/% |
|---|---|---|
| 1 | 农副食品加工 | 3.50 |
| 2 | 食品饮料 | 4.50 |
| 3 | 纺织品(化纤) | 2.25 |
| 4 | 纺织服装、皮革、羽绒制品 | 2.91 |
| 5 | 造纸及纸制品业 | 5.00 |
| 6 | 建材产品 | 4.98 |
| 7 | 化工产品 | 3.35 |
| 8 | 医药制造业 | 8.50 |

续表

| 序号 | 行　业 | 税负率/% |
|---|---|---|
| 9 | 卷烟加工 | 12.50 |
| 10 | 塑料制品业 | 3.50 |
| 11 | 工艺品及其他制造业 | 3.50 |
| 12 | 电子通信设备 | 2.65 |
| 13 | 商业批发 | 0.90 |
| 14 | 商业零售 | 2.50 |
| 15 | 机械交通运输设备 | 3.70 |

### (2)所得税行业预警税负率

不同行业企业所得税预警税负率见表 13.5。

**表 13.5　不同行业企业所得税预警税负率**

| 序号 | 行　业 | 税负率/% |
|---|---|---|
| 1 | 娱乐业 | 6.00 |
| 2 | 专用设备制造业 | 2.00 |
| 3 | 专业技术服务业 | 2.50 |
| 4 | 专业机械制造业 | 2.00 |
| 5 | 造纸及纸制品业 | 1.00 |
| 6 | 饮料制造业 | 2.00 |
| 7 | 医药制造业 | 2.50 |
| 8 | 畜牧业 | 1.20 |
| 9 | 印刷业 | 1.00 |
| 10 | 通信设备、计算机及其他电子设备制造业 | 2.00 |
| 11 | 塑料制品业 | 3.00 |
| 12 | 食品制造业 | 1.00 |
| 13 | 商务服务业 | 2.50 |
| 14 | 批发业 | 1.00 |
| 15 | 农副食品加工业 | 1.00 |
| 16 | 农、林、牧、渔服务业 | 1.10 |
| 17 | 纺织服装、鞋、帽制造业 | 1.00 |
| 18 | 木材加工及木、竹、藤、棕、草制品业 | 1.00 |
| 19 | 零售业 | 1.50 |
| 20 | 家具制造业 | 1.50 |
| 21 | 计算机服务业 | 2.00 |
| 22 | 纺织业 | 1.00 |
| 23 | 房地产业 | 4.00 |
| 24 | 道路运输业 | 2.00 |

# 13.4 印花税

印花税看似一个不重要的小税种，但在我国印花税确有着小税重罚的特质。如果漏贴印花，罚金可能是税款的20倍。印花税起源历史悠久，1624年荷兰政府发生经济危机，执政者为缓解财政困难，需要谋求敛财妙策，于是寻求设计新的税种。印花税就是精选出来的“杰作”。印花税看似很小，一旦征收，税源却很广。

### 1）会计核算

印花税以前是在“管理费用”科目下核算。营改增后，印花税改在“税金及附加”科目核算。

### 2）不交印花税的合同

印花税是税的一种。它是对合同、凭证、书据、账簿及权利许可证等文件征收的税种。但并不是所有的合同都必须要缴纳印花税的。例如，企业与事务所签订的审公司、企业的咨询合同、企业员工的培训合同、公司与公司之间的资金借款合同、公司与个人之间的借款合同、委托代理合同等共计22种合同都不用交印花税。

### 3）纳税义务时点

纳税企业一旦签订合同，就产生了印花税的纳税义务。无论合同是否执行，以及是否能执行，或是执行程度如何，都不影响印花税纳税义务。即使印花税已经缴纳，但合同却没执行，已经交的印花税不得申请退回，也不得申请抵扣。一般企业印花税申报以季度为单位，在每季度末的后10日向当地税务机关申报印花税纳税义务。

### 4）印花税计税依据

印花税的计税依据根据凭证类别不同也有不同。它大致分为以下3种情况：依据合同金额计税、依据凭证件数计税和依据实收资本总额计税。印花税的常见税率有千分之一、万分之三、万分之五和每本5元这4种。常见印花税税率表见表13.6。

**表13.6 常见印花税税率表**

| 序号 | 税目 | 税率 |
| --- | --- | --- |
| 1 | 财产租赁合同 | 千分之一 |
| 2 | 货物运输合同 | 万分之五 |
| 3 | 加工承揽合同 | 万分之五 |
| 4 | 购销合同 | 万分之三 |
| 5 | 建筑安装工程承包合同 | 万分之三 |

续表

| 序　号 | 税　目 | 税　率 |
|---|---|---|
| 6 | 金融机构借款合同 | 万分之五 |
| 7 | 财产保险合同 | 千分之一 |
| 8 | 企业证照 | 5 元/本 |
| 9 | 营业账簿中的其他账簿 | 5 元/本 |

(1)购销合同

购销合同是指买卖双方在商品采购与销售活动中,一方与另一方根据协商一致的意见,由一方将商品交付给对方,由对方支付货款进行商品交易而签订的具有法律效力的书面证明。对于一个企业来说,日常的经营活动肯定是有进就有销,因此,印花税纳税义务人是具双重身份的纳税者,既购又销。企业按合同缴纳印花税,不仅收入要缴,购进商品或货物时也要缴印花税。

购销合同计征印花税时,印花税的计税依据如下:

①如果购销合同中既有不含税金额又有增值税金额,并且分别记载的,以不含税金额作为印花税的计税依据。

②如果购销合同所载金额中包含增值税金额,但未分别记载的,以合同所载金额(即含税金额)作为印花税的计税依据。

(2)无固定金额合同

实务中,企业往往会出现有些合同在签订时无法确定金额。例如,财产租赁合同因无法确定具体租赁期限导致合同金额无法确定,此时可在签订合同后先按定额 5 元缴纳印花税,待租赁期确定后再按实际金额计税,补贴印花。

## 13.5　财产清查

财产清查指的是对特定时间内往来的资金、实物和款项进行清查,然后判定实际流通资金或款项与记录中的是否相同。

### 1)导致账实不符的原因

①财产收发过程中,计量或检验不准,容易造成多收或少收的差错。

②财务人员的工作失误导致账实不符状况发生,如在账簿记录中发生的重记、漏记和错记。

③如财产物资保管过程中发生的自然损耗。

④因有关凭证未到,形成未达账项,造成账实不符。

⑤由管理不善、制度不严造成的财产损坏、丢失和被盗。

⑥自然灾害导致的各方面不可预计的损失。

### 2)财产清查内容

财产清查的范围很广,既包括对本企业内部的实物和款项流转的清查,也包括对企业外部相关的实物交易和款项进行清查。因此,财产清查需要耗费企业相关工作人员大量的时间和精力去完成。其常见清查内容如下:

①对货币资金等款项的清查,主要包括库存现金、银行存款和其他货币资金。

②对企业内外相关存货的清查,包括原材料、成品、半成品及库存品等。

③对与企业相关的不动产进行清查,包括房屋、土地、厂房、相关工具和器械、运输工具等。

④对应收账款、应付账款和其他类型往来款项进行的清查。

### 3)财产清查处理原则

通过对账实不符出现的原因进行分析,然后再落实到具体责任人,个人造成的损失自然由个人承担;管理不善造成的损失则由企业承担;自然灾害造成的企业损失记入“企业营业外支出”。

### 4)财产清查结果

财产清查的普遍结果一般有以下3种:

①实存数高于账存数,这种称为盘盈。

②实存数小于账存数,这种称为盘亏。

③实存数等于账存数,财产清查无任何问题。

财产清查的目的就是验证企业各项财产物资是否实现账存实存一致。财产清查是检查内部会计监督制度是否有效的控制措施;财产清查可促进资金加速周转,通过财产清查,特别是对债权债务的清查,可以促进其及时结算,及时发现坏账,并予以处理。

### 5)财产清查账务处理

(1)处理步骤

①账实调整,等待处理。根据盈亏,增加或减少实物资产账面价值,同时办理报批手续,增加待处理账户。

②收入、费用及索赔调整,核销待处理。按批复意见,增加收入、增减费用或增加索赔资产账户,同时核销待处理账户。

(2)“待处理财产损溢”账户设置

由于财产清查结果的账务处理需分成两步,报批前已经调整了账簿记录,报批后才能针对盈亏原因做出相应的处理。因此,必须有一个过渡性的账户解决报批前后的相关记录。“待处理财产损溢”就是为满足会计核算这一要求而设置的。

该账户用来核算企业在财产清查过程中发生的各种财产物资的盘盈、盘亏或毁损及其处理情况。借方登记发生的盘亏和盘盈报批后的核销；贷方登记发生的盘盈和盘亏报批后的核销；如为借方余额表示尚待批准处理的净损失；如为贷方余额表示尚待批准处理的净溢余。

该账户设置“待处理固定资产损溢”和“待处理流动资产损溢”明细账。

根据资产的定义，按现行会计制度的规定，对“待处理财产损溢”应及时报批处理，并在期末结账前处理完毕。如果在期末结账前尚未经批准的，应在对外提供的财务报告时先行处理。因此，该账户在期末没有余额。

### 6）财产清查应用实例

**【例 13.3】**　某企业进行财产清查，发现 A 材料盘盈数 5 kg，每千克该材料的价格为 800 元，而此现象出现的原因尚未查明原因。企业账务处理如下：

借：原材料——A 材料　　4 000

　　贷：待处理财产损溢——待处理流动资产损溢　　4 000

经查，该企业出现材料盘盈是由于财产清查过程中计量不准造成的，经上级讨论决定减少企业管理费用。企业财务处理如下：

借：待处理财产损溢——待处理流动资产损溢　　4 000

　　贷：管理费用　　4 000

**【例 13.4】**　某企业财产清查过程中发现内部盘盈电脑 1 台，同类产品市场价格为 2 500元，企业适用所得税税率为 25%，盈余公积为 10%。

①盘盈原因未明时，账务处理如下：

借：固定资产　　2 500

　　贷：以前年度损溢调整　　2 500

②经上级讨论，决定可将相关物品进行转销。其账务处理如下：

借：以前年度损溢调整(2 500×25%)　　625

　　贷：应交税金——应交所得税　　625

③调整利润进行分配，账务处理如下：

借：以前年度损益调整(2 500-625)×10%　　187.5

　　贷：盈余公积——法定盈余公积　　187.5

④最终计算利润数额，账务处理如下：

借：以前年度损溢调整　　1 687.5

　　贷：利润分配——未分配利润　　1 687.5

### 7）库存现金清查

(1) 库存现金清查原则

现金的清查是通过实地盘点的方法，确定库存现金的实存数，再与现金日记账的账面余额核对，以查明盈亏情况。在进行现金清查时，为了明确经济责任，出纳员必须在场。在清查过程中,不能用白条抵库,即不能用不具有法律效力的借条、收据等抵充库存现金。现金盘点后,应根据盘点的结果及时与现金日记账核对,并填制“现金盘点报告表”。“现金盘点报告表”应由盘点人员和出纳员共同签字盖章方能生效。

(2)库存现金清查结果处理

①盘盈

A.审批前

清查结果显示盘盈以后,应积极办理相关盈余现金入账手续,并将原来的记账记录加以调整,使账面金额与实存金额保持一致,即按照盘盈状况对“库存现金”科目进行调整。

借:库存现金

　　贷:待处理财产损溢——待处理流动资产损溢

B.审批后

审批流程结束后应立即对盘盈产生的原因进行分析,并避免以后出现类似情况,然后对各类科目内容进行整理,根据盘盈原因及核准结果做账务处理。

借:待处理财产损溢——待处理流动资产损溢

　　贷:其他应付款

　　　　营业外收入

②盘亏

A.审批前

库存现金盘亏时,应及时办理盘亏的确认手续,调整库存现金账簿记录,即按盘亏的金额调整账面金额与实存金额一致。

借:待处理财产损溢——待处理流动资产损溢

　　贷:库存现金

B.审批后

盘亏的库存现金应及时查明原因,按管理权限报经批准后进行账务处理。

按可收回的保险赔偿和过失人赔偿的金额,账务处理如下:

借:其他应收款

　　贷:待处理财产损溢——待处理流动资产损溢

按管理不善等原因造成净损失的金额,账务处理如下:

借:管理费用

　　贷:待处理财产损溢——待处理流动资产损溢

按自然灾害等原因造成净损失的金额,账务处理如下:

借:营业外支出

　　贷:待处理财产损溢——待处理流动资产损溢

### 8)银行存款的清查

银行存款的清查是采用与开户银行核对账目的方法进行的,即将本单位的银行存款日记账与开户银行转来的对账单逐笔进行核对。即使双方记账都没有错误,银行存款日记账的余额和银行对账单的余额也往往不一致,这种不一致主要是因未达账项形成的。所谓未达账项,是指企业与银行取得凭证的时间不同,导致记账时间不一致,而发生的一方已取得结算凭证且已登记入账,而另一方未取得结算凭证尚未入账的款项。

在银行存款的清查过程中,未达账项这种情况很常见,也允许存在。未达款项出现的原因有以下 4 种:

①企业存入各种款项,企业已经登记入账,作为存款的增加,而银行尚未入账。

②企业开出支票和其他付款凭证,企业已经登记入账,作为存款的减少,而银行尚未支付或尚未办理转账手续,所以尚未入账。

③企业委托银行代收的货款,银行已于收到日登记入账,作为企业存款的增加,而企业尚未收到通知,所以尚未入账。

④委托银行代付的款项,银行已于付款后登记入账,作为企业存款的减少,而企业尚未收到通知,所以尚未入款。

为了查明银行存款余额的正确数字,同时也是为了消除未达账项的影响,应根据银行的对账单同企业的账簿记录逐项进行核对。对"未达账项",则应于查明后编制"银行存款余额调节表"。如果双方账目没有发生其他差错,所求得的双方账面余额必定相符,否则就要进一步检查不符的原因。需要指出的是,"银行存款余额调节表"只起对账的作用,不能作为调节账面余额的凭证。

### 9)存货清查

#### (1)存货内容

存货是指企业在日常活动中持有以备出售的产成品或商品、处在生产过程中的在产品、在生产过程或提供劳务过程中耗用的材料或物料等,包括各类材料、在产品、半成品、产成品或库存商品,以及包装物、低值易耗品、委托加工物资等。行业内认为有形存货资产可分为以下 3 种形式:

①在正常经营过程中存储以备出售的存货。这是指企业在正常的过程中处于待销状态的各种物品,如工业企业的库存产成品和商品流通企业的库存商品。

②为了最终出售正处于生产过程中的存货。这是指为了最终出售但目前处于生产加工过程中的各种物品,如工业企业的在产品、自制半成品和委托加工物资等。

③为了生产供销售的商品或提供服务以备消耗的存货。这是指企业为生产产品或提供劳务耗用而储备的各种原材料、燃料、包装物及低值易耗品等。

存货按实物形态分类,可分为以下 6 种:

①原材料。是指企业用于生产产品并构成产品实体的外购品,以及外购的供生产使用但不构成产品实体的辅助性材料,包括原料与主要材料、燃料和物料等。

②在产品。这是一种最基础的商品,即需要经过特定程序对其进行再加工才可以投入市场。

③半成品。这种存货需要经过进一步的加工才能够成为成品,但其本身便可以用作

交易。

④产成品。这种存货指的是那些已经过完整加工程序,可直接投放市场进行交易的存货。

⑤商品。这种存货指的是企业无须经过任何加工就可以对外销售的物品。

⑥周转材料。这种存货可通过转移形态而产生不同的用途,如包装物和低值易耗品。

(2)存货清查结果账务处理

①盘盈

A.审批前

借:原材料

　　贷:待处理财产损溢

B.审批后

借:待处理财产损溢

　　贷:管理费用

②盘亏

A.审批前

借:待处理财产损溢

　　贷:原材料

　　　　应交税费——应交增值税(进项税额转出)

B.审批后

属于正常损耗、管理不善引起的一般损失以及扣除应计入其他科目后的净损失,账务处理如下:

借:管理费用

　　贷:待处理财产损溢

由责任人、保险公司赔偿的部分,账务处理如下:

借:其他应收款

　　贷:待处理财产损溢

属于自然灾害、不可抗力因素等引起的非常损失,账务处理如下:

借:营业外支出——非常损失

　　贷:待处理财产损溢

## 13.6　收据与发票的区别

发票和收据都是一种原始凭证,并代表在某个时间收付了某个款项。但有,很多公司把发票和收据混为一谈,在进行记账报税时把票据全部带着,其实是不需要的。现就发票和收据的区别进行说明。

### 1) 收据

(1) 含义

收据是指财政部门印制的盖有财政票据监制章的收付款凭证。

(2) 分类

收据可分内部收据和外部收据。外部收据又分税务部门监制、财务部门监制和部队收据 3 种。

(3) 入账处理

①内部收据是单位内部的自制凭据,用于单位内部发生的业务,如材料内部调拨、收取员工押金、退还多余出差借款等。这时的内部自制收据是合法的凭据,可作为成本费用入账。

②单位之间发生业务往来,收款方在收款以后不需要纳税的,收款方就可以开具税务部门监制的收据。

③行政事业单位发生的行政事业性收费,可以使用财政部门监制的收据。

④单位与部队之间发生业务往来,按照规定不需要纳税的,可以使用部队监制的收据,这种收据也是合法的凭据,可以入账。

除上述几种收据外,单位或个人在收付款时使用的其他自制收据,就是日常所说的"白条",是不能作为凭证入账的。

### 2) 发票

(1) 含义

发票是指在购销商品、提供或者接受服务以及从事其他经营活动中,开具、收取的收付款凭证。它是合法的凭证。

(2) 分类

发票分为普通发票和增值税专用发票。

(3) 入账处理

增值税专用发票是我国实施新税制的产物,是国家税务部门根据增值税征收管理需要而设定的,专用于纳税人销售或者提供增值税应税项目的一种发票。它不仅是记载商品销售额和增值税税额的财务收支凭证,而且是兼记销货方纳税义务和购货方进项税额的合法证明,是购货方据以抵扣税款的法定凭证。

### 3) 二者的区别

收据收取的款项只能是往来款项,收据所收支款项不能作为成本、费用或收入,只能作为收取往来款项的凭证。而发票不仅是收支款项的凭证,而且凭发票所收支的款项可以作为成本、费用或收入。

对索要的不同凭证,要根据其目的分别处理。有的人是为企业办事,需要到企业报销费用,这时必须索要发票,否则不能报销。而有的则只是对收付款项的证明,并不想作为报销凭证,所以这时就会索要收据。

发票是从税务机关购买的。其实商品含税和不含税是指商品价格含税和不含税。在销售商品时,如果开具的是普通发票,它所标示的价格就是含税价格;如果开具的是增值税专用发票,那么它标示的价格就是不含税的价格。因此,发票可以作为报销的凭证,列入成本费用;而收据仅仅能够证明发生的现金关系,无法列入成本费用。总的来说,二者之所以区别开来,主要是因为在会计账务处理和纳税申报时涉及报销和税前扣除的处理,所以财务人员一定要把票据管理好,做好收据和发票的区分。

## 13.7 应对拒开发票的措施

身为财务人员的你,是否遇到过平时生活中因与商家索要发票时,对方经常以各种看似合理的理由拒绝开具发票的情况。

### 1)拒开发票的常用借口

①团购优惠券不能开票。

②消费金额太少开不了。

③发票只能当月开。

④发票用完了还没领。

⑤试营业阶段没有发票。

⑥开收据报销。

⑦开发票要额外加钱。

### 2)应对拒开发票方式

①不管商家采用怎样的方式销售、服务,只要有交易行为的产生,都是属于商业行为,商家不得以任何借口、任何理由拒开发票。商家既然接受了利益,那么,提供发票就是商家的义务,消费者取得发票也是合法行为。

②我国规定,只要有利益交易行为存在,不管消费者花了多少钱,商家都有义务提供发票。商家以金额太少为由拒开发票,其目的就是节约发票或有逃税倾向。

③发票只能当月开,这是典型的开票“设限”行为。在实际生活中,这种开发票设定期限的行为还是比较常见的,商家之所以选择这么做,是出于便于财务人员结算、及时缴纳税款和预估发票用量考虑的。但是,这种做法也仅是商家单方面的行为,对于消费者来说是没有约束力的,消费者只要能提供相关购物凭证,无论什么时间商家都有义务提供发票,不存在时间限定问题。

④如果商家发票的确用完而不能开发票,这种情况就需要消费者与商家协商解决。

最好的方法就是让商家出个证明,写明原因,然后约定时间由消费者按约定的日期再去索取发票。

⑤试营业也说明商家是办妥了相关的行政手续的,我们国家新办企业成立的流程是先到工商注册办理营业执照,然后领取营业执照的 30 日内办理税务登记就可申请购买发票。因此,经营者以试营业为借口拒开发票是不合理的。

⑥在我国除了一些特殊机关部门(如财政部门、部队等)可以不开发票,允许以收据代替发票外,其他的经营业只要消费者有交易的合法凭证,就不得以收据来代替发票。

⑦商家有义务为消费者无偿提供发票,让消费者"缴税",这种做法是错误的。如果商家以逃税、避税为目的,以各种理由借口推脱或拒开发票,消费者可将相关证据保留,可通过网络、电话等方式向商家所在地税务机关举报投诉,税收相关部门将在收到投诉或举报之日起 15 个工作日内受理并移交主管税务部门处理,主管税务部门会视情节给予不同处理,一般会在 3 个月内责令企业补开发票。

## 13.8　财务人员不可忽略的细节

### 1)外单位开具的原始凭证是否可以没有公章

按照《会计基础工作规范》的要求,在会计处理过程中所涉及的原始凭证,必须要有原始公章。

### 2)原始凭证分割单如何使用

由两个以上的单位共同承担某项原始凭证的费用时,应该由费用收取方单位制作原始凭证分割单,支付单位将这些分割单计入凭证附件。

### 3)可以不用附带原始凭证的记账凭证

按照会计规范的要求,通常情况下所有的记账凭证都应该附带原始凭证。但是,以下两种情况可以不附带原始凭证:第一,结账的记账凭证;第二,对原始凭证的错误进行修正时。

### 4)复印的原始凭证是否可以作为记账凭证依据

按照会计规范的要求,记账凭证应该采用原始的凭证,不得采用复印件。如果原始凭证丢失,那么,应按照规范的要求进行补办。

### 5)银行的存款余额调节表能否作为调账的依据

按照会计规范要求,银行的存款余额调节表的作用主要是为了核对账目,不能作为原始凭证。

## 13.9 会计做账误区

### 1)把会计核算当作目的

会计核算是会计的职能之一,从设置会计科目到编制会计凭证,再到编制财务报表是会计核算的流程与步骤。但是,不能把会计核算当成会计工作的目的。实务中,更多地需要思考会计核算之外的其他事项,要将会计监督职能与会计核算职能结合起来。因此,需要从以下 8 个方面注意:

①审查票据真实性、合法性和合规性。

②会计原始凭证取得各要素填写是否准确、完整。

③报销是否符合公司内控制度和流程规定。报销流程是否合规,报销环节是否完备,审批权限、意见是否合理。

④审查业务事项与票据事项(时间、地点、金额、票据号)是否相符。

⑤各项支出是否在合理的预算范围内,做好预算的事前把控、事中监督、事后评价。

⑥财务数据处理是否及时,与业务事件信息是否对称。

⑦特殊事项报备手续是否完善,审批流程是否合理。

⑧税务风险与法律风险意识贯穿业务处理过程。

### 2)没有发票不能做账

我国税收监理依据实施的是"以票控税"。为了降低账务处理上的税务风险,很多会计人员进行业务操作时形成了必须见票才能入账的习惯。相信很多财务人员都会有一种惯性思维:没有发票,经济事项便不能入账;没有发票,即使入了账税务也不会认可,最终也是不能在税前扣除的。

发票不是会计做账的唯一凭据,有些业务即使没有发票依然可以入账。实务中,因为把税务风险因素摆在了调节账务处理的位置,认为税法对账务处理起着指导性功能,所以久而久之会计和税法混淆了,甚至出现只有见到发票才能做账,没有无票便无法入账,没有发票便不会做账的情况。无论是会计准则或是税法上,都没有限定只有发票才是唯一的、合法的有效凭据的规定。因此,会计人员不要把经济业务的有效凭证等同于就是发票。在实际工作中,有一些是不需要发票便可入账,同时也是可以税前抵扣的。例如:

①工资薪金,奖金。

②社保费用、工会经费。

③职工福利费。

④银行借款利息支出。

⑤铁路部门票据。

⑥资产减值损失。

⑦违约金支出。

⑧罚款支出。

⑨固定资产计提折旧。

⑩税务机关认可的资产减值。

### 3) 收据不能入账,也不能税前扣除

在实际工作中,经常会遇到不能取得发票,对方只开具收据的情况。收据可作为入账的有效凭证吗?收据能不能报销?相信很多财务人员会说,收据肯定不能用来报销,如果只有收据就要想办法取得发票或是以其他发票代替(如前述的开办公用品发票)。其理由是取得的收据税务机关不认可,不能进行税前扣除。其实这就是典型地混淆了会计入账和税法税前扣除。财务做账依据的是会计准则,只要符合会计准则的入账要求便可以进行账务处理。至于税法如果不认可,我们只需在纳税时做调增就好了,这不代表税法不认可的凭证财务便不能入账。

通过前边的讲述,我们了解了收据不是不可以入账的问题,既然收据可以入账,那是不是税法真的不认可收据,真的就不能税前扣除呢?当然不是,在我国有些部门开具的专用收据也是可以进行税前扣除的。例如:

①由政府各部门开具的收费票据。

②由各事业部门开具的收费票据。

③捐赠收据。

④工会经费收据。

⑤法院的诉讼费执行费收款收据。

⑥军队收据。

⑦其他符合规定的税务机关认可的可税前扣除的收据。

### 4) 白条不能入账,也不能税前扣除

所谓白条,是指不符合财务制度和未按会计凭证取得手续要求填制的字条或单据。既然白条是不符合财务制度、不符合会计凭证要求的,是不是一定就不能入账?其实,白条能否入账与前述的收据能否入账是一样的。这里再次强调,财务能否入账和税前能否扣除分别是会计和税法处理原则不同的两个事情。白条与收据一样,只要是符合会计标准的规定是可以入账的。但是,税务是否允许扣除就要看税法的相关规定了。如果税法认为白条入账不符合税法税前扣除要求,不认可白条入账,那我们只需如实调整纳税就可以了。

实务中,企业常见的白条入账行为,如果想获得税务机关的认可并实现税前扣除,必须事先与当地主管税务机关进行沟通且需提供相关证明材料,用以证明发生的支出属于税法认可的合理、真实的合法有效凭证。税务机关依据企业提供的如应税协议、赔偿协议、仲裁机构的裁定书、法院判决书或调解书等证明来判定这些白条能否进行税前扣除。

日常经营中,企业常见的白条入账业务有:

①独生子女补助、高温补贴、取暖费补贴。

②离职补贴。

③赔偿费用。

④经济合同规定支付的罚款。

⑤支付个人的各种补偿费用。

⑥恤金、救济金等福利补助。

⑦丧葬费。

⑧临时工费。

⑨企业食堂去菜市场购买蔬菜的费用。

在经济活动中,企业经营过程中不可能所有事项都会取得发票,"白条"现象时有发生。随着互联网技术的发展,一些电商机构也开始推行了"打白条"业务,如阿里巴巴的"花呗"、京东的"打白条"。从税务角度出发,"白条入账"涉及企业所得税税前扣除的基本原则和一般原则的运用,有时还取决于税务机关的认定和自由裁量权。作为企业,对"白条入账"行为还需深入领会、慎重运用,以避免给企业带来不必要的纳税风险。

### 5)会计凭证都要有原始凭证

根据《会计基础工作规范》第五十一条第三款、第四款规定,所有记账凭证都要有原始凭证,只有以下两种情况可以例外:

(1)结账

企业期末结账时填制的记账凭证可不附原始凭证,即收入的结转和成本费用的结转。

(2)错账更正

企业因记账凭证填制错误,采用红字更正法或补充登记法更正错误时,可不附原始凭证。但是,新的凭证要注明更正的是哪些错误凭证。

### 6)把税法当成做账准则

前述"收据入账"和"白条入账"时一直在讲,为什么很多财务人员认为收据和白条是不能入账的,其原因就在于实务中很多会计做账都是按照税法指导来的,就怕税务不认可导致缴税,从而忽略了会计准则的入账原则。究其问题根源,原因有多种。

①经营者追求利润目标,能少交税就少交。在这种目标导向下,会计把做账定位为以报税为目的,做账的终极目标就是报税,由此导致会计做账为了减少不必要的麻烦,怎样符合税法就怎么操作。

②会计人员职业能力有待提高。我们国家实行的是财税分离制度,这样就形成了财务入账依据的是会计准则,计提缴纳税款依据的是税法的规定。实务中,会计人员常常把会计与税法混淆在一起,而对同一事项税法和会计的不同规定未区别对待。例如,关

于完善固定资产加速折旧企业所得税政策(财税〔2014〕75 号),对所有行业企业持有的单位价值不超过 5 000 元的固定资产,允许一次性计入当期成本费用,在计算应纳税所得额时扣除,不再分年度计算折旧。很多人就认为,固定资产在会计上的入账条件,改为 5 000元以上计入固定资产,5 000 元以下就计入费用。或者会计人员认识到了这个是税法的规定,但认为如此操作调整太麻烦了,为何不按税法来呢?这样汇算清缴简单易行。

实务中,按照税法来做账的企业有很多。但是,会计人员应该知道会计做账的准则是什么,知道依据会计准则财务处理原则是什么,应该怎么操作,也应知道会计与税法之间账务处理、确认存在差异。不能为了方便自己或少找麻烦而把税法当成了会计做账的准则,使得财务处理偏离了会计准则。

### 7)会计做账不需要考虑税法

前边已述不能把税法规定当成会计入账的准则。其目的在于让财务工作者知道财税分离制度,要区分清楚会计准则和税法的差异性存在。那么,是不是就意味着会计人员做账时只要按照会计准则来就行,至于税务认不认可、能不能税前扣除都没关系,大不了就是期末调整。如果财务人员这么想,则就又走入了另一个极端。理论上,会计和税法是分离的关系,两者因目的不同,处理原则自然会有不同,差异的存在正是其目的不一致而导致的。

会计人员在依据会计准则的规定进行账务处理时,同时也不要忘记企业经营目标,在会计原则的基础上考虑税务风险,尽可能实现纳税筹划与业务处理并行,既达成了职业素质的提升,同时也体现了会计的成本原则。例如,企业的业务招待费,在会计准则下并没有对其限制,只要发生并取得合法发票就可入账,而税法规定,企业的业务招待费税前扣除标准按实际发生额的 60%税前列支,但最高不得超过当年销售收入的千分之五。因此,会计人员在做账时,就要考虑业务招待费实际发生额是否超出税法规定。对有些发票,如餐饮发票就要给予合理化建议,根据其真实用途不同分别计入不同项目,而不能一味地计入业务招待费。又如,企业的应收账款,会计准则要求企业应定期或至少每年年末要估计坏账损失,计提坏账准备,当企业确认应收账款真的收不回来时,要确认资产减值损失。而税法规定企业实际发生的与取得收入有关的、合理的坏账损失,准予在计算应纳税所得额时扣除。这个合理的坏账损失就需要企业能够提供相关的证明材料,如相关的合同和法律文件、对方企业破产公告等。因此,会计人员在按准则要求计提、确认坏账损失时,也要依据税法的规定准备相应材料证明此损失是合理的、能够税前扣除的事项。

在目前的征管条件下,税法更多的是认可会计在真实、合理的处理基础上,对会计的账务进行调整。因此,我们做账不得不考虑税法上的规定,以便为企业谋求最大的效益。

### 8)根据单据类型做账

实务中财务人员还经常会出现一类错误,就是会计做账依据的是取得的原始凭证也就是发票的类型来入账。最经常遇到的就是前述的见到餐饮费发票就计入业务招待费,会计人员没有根据业务的性质、资金的具体去向来确定成本费用的归集分配,而是根据发票的类型来确定费用项目。前面已讲,餐饮发票根据业务性质不仅可计入"业务招待费",也可计入"职工福利费",还可计入"差旅费""会议费""职工教育经费"等。

## 13.10 相同业务 不同处理

相信很多财务人员在实务中经常遇到一些账务处理上的争议,明明是同样的经济业务,为什么不同的会计人员做法却不尽相同。到底谁做得对?这样做的依据又是什么?说到底,之所以有争议,关键的问题就在于,财务人员在做账时是否将税法的相关规定与账务处理相结合。下面举例来说明企业常见的相同业务而不同处理的会计入账原则。

### 1)住宿费报销业务

**【例 13.5】** 某增值税一般纳税企业为了扩大销售、增加销量,在 2016 年 10 月召开了经销商大会,会议邀请了公司所有的下游经销商。为此,公司制订了相关政策,对所有参加会议的公司工作人员和客户报销往返路费、住宿费。该会议共产生住宿费 30 000 元,其中,公司员工住宿费为 10 600 元,为客户承担的住宿费为 21 200 元,取得增值税专用发票。公司账务处理如下:

(1)员工住宿费报销账务处理

借:管理费用——差旅费(10 600÷1.06) 10 000

应交税费——应交增值税(进项税额)(10 600÷1.06×6%) 600

贷:银行存款 10 600

(2)客户住宿费报销财务处理

借:管理费用——业务招待费(21 200÷1.06) 20 000

应交税费——应交增值税(进项税额)(21 200÷1.06×6%) 1 200

贷:银行存款 21 200

借:管理费用——业务招待费 1 200

贷:应交税费——应交增值税(进项税额转出) 1 200

实行"营改增"后,一般纳税人取得的住宿费发票进项税抵扣应视情况而定。规定如下:招待客户的住宿费属于个人消费,不得抵扣增值税进项税额,应做进项税转出;员工因公出差的住宿费可以抵扣,但发票抬头必须是本单位的全称。

### 2)固定资产报销业务

**【例 13.6】** 某增值税一般纳税企业从某电视机厂商处购入电视一批,一部分用于员工宿舍,另一部分放置于公司会议室。这批电视的总价为 78 390 元,已取得增值税专用发票。其中,员工宿舍的电视价格为 70 200 元,会议室的电视价格为 8 190 元。企业账务处理如下：

①用于公司会议室电视机账务处理

借:固定资产——电视机[(78 390÷1.17)×17%]　　60 000
　应交税费——应交增值税(进项税额)　　10 200
　贷:银行存款　　70 200

②用于员工宿舍的电视机账务处理

借:固定资产——电视机[(8 190÷1.17)×17%]　　7 000
　应交税费——应交增值税(进项税额)　　1 190
　贷:银行存款　　8 190

借:固定资产——电视机　　1 190
　贷:应交税费——应交增值税(进项税额转出)　　1 190

注意:员工宿舍用的电视机属个人消费和福利性质,增值税进项税额不得税前抵扣,要做进项税转出。

### 3)建筑工地材料购进业务

【例 13.7】　某施工企业购进工地用材料一批,材料总价值为 300 000 元,已取得专用发票。其中,200 000 元的材料用于一般计税项目,另外 100 000 元的材料用于简易计税项目。公司账务处理如下：

①材料用于一般计税项目财务处理

借:原材料　　200 000
　应交税费——应交增值税(进项税额)　　34 000
　贷:银行存款　　234 000

②材料用于简易计税项目财务处理

借:原材料　　100 000
　应交税费——应交增值税(进项税额)　　17 000
　贷:银行存款　　117 000

借:原材料　　117 000
　贷:应交税费——应交增值税(进项税额转出)　　117 000

注意:用于简易计税方法计税项目,增值税进项税额不得税前抵扣,要做进项税转出。

## 13.11　会计档案变更

为了从根本上提高我国的会计档案管理水平,我国财政部和国家档案局联合对《会计档案管理办法》(下文简称《管理办法》)进行了多次修订,最终于 2016 年 1 月 1 日正式实施了新管理办法,旨在不断提高我国会计档案管理水平。《管理办法》明确规定了电子档案具有的法律效力，可以利用电子档案对大多数信息进行储存和管理，以提高信息在处理、传递、存储过程中的时效性和容量性。

### 1）电子档案的意义

《管理办法》规定一些会计凭证不再强制以纸质状态存在，而是可以直接存在电子档案之中，而且还可以通过一些方法规范会计相关档案的销毁流程，从而促进会计档案销毁工作顺利完成。新管理办法的出台有利于减少大量纸质材料的使用，促进节约能源工作的开展，进而引发社会运转方式的变革。

### 2）各类会计档案的最低保管期限

近年来，国家档案管理机关对档案的保管期限做出新的规定。《机关文件材料归档范围和文书档案保管期限规定》（国家档案局令第 8 号）、《企业文件材料归档范围和档案保管期限规定》（国家档案局令第 10 号）规定将企业管理类档案和机关管理类档案的保存期限规定为 10 年、30 年。会计档案在很多案件中都充当着重要证物的角色，虽然民事案件的有效诉讼期一般不超过 20 年，但是与其相关的电子档案材料的最低保管期限却不得少于 20 年。

为了实现各个单位文件档案的统一管理和满足不同机关对电子档案储存的不同需求，新《管理办法》规定将原来的 5 种储存期限改为现在的两种，即从以前的 3 年、5 年、10 年、15 年、25 年改为现在的 10 年和 30 年两类，并且规定以前保管年限在 3 年、5 年、10 年的电子材料一律改为 10 年，将原本保存年限为 15 年和 25 年的电子材料一律改为 30 年。将会计凭证和会计账簿等电子材料的最低保存年限上调至 30 年，其他价值较低的辅助材料的保存年限调整为 10 年，而会计档案的保存期则从该会计档案入档后的年度结束的第一天算起。变更后的各类会计档案保管期限见表 13.7、表 13.8。

**表 13.7　企业和其他组织会计档案保管期限表**

| 序　号 | 档案名称 | 保管期限 | 备　注 |
|---|---|---|---|
| 一 | 会计凭证 | | |
| 1 | 原始凭证 | 30 年 | |
| 2 | 记账凭证 | 30 年 | |
| 二 | 会计账簿 | | |
| 3 | 总账 | 30 年 | |
| 4 | 明细账 | 30 年 | |
| 5 | 日记账 | 30 年 | |
| 6 | 固定资产卡片 | | 固定资产报废清理后保管 5 年 |
| 7 | 其他辅助性账簿 | 30 年 | |

续表

| 序　号 | 档案名称 | 保管期限 | 备　注 |
|---|---|---|---|
| 三 | 账务会计报告 | | |
| 8 | 月度、季度、半年度账务会计报告 | 10 年 | |
| 9 | 年度财务会计报告 | 永久 | |
| 四 | 其他会计资料 | | |
| 10 | 银行存款余额调节表 | 10 年 | |
| 11 | 银行对账单 | 10 年 | |
| 12 | 纳税申报表 | 10 年 | |
| 13 | 会计档案移交清册 | 30 年 | |
| 14 | 会计档案保管清册 | 永久 | |
| 15 | 会计档案销毁清册 | 永久 | |
| 16 | 会计档案鉴定意见书 | 永久 | |

**表 13.8　财政总预算、行政单位、事业单位和税收会计档案保管期限表**

| 序号 | 档案名称 | 保管期限 | | | 备　注 |
|---|---|---|---|---|---|
| | | 财政总预算 | 行政单位事业单位 | 税收会计 | |
| 一 | 会计凭证 | | | | |
| 1 | 国家金库编送的各种报表及缴库退库凭证 | 10 年 | | 10 年 | |
| 2 | 各收入机关编送的报表 | 10 年 | | | |
| 3 | 行政单位和事业单位的各种会计凭证 | | 30 年 | | 包括:原始凭证、记账凭证和传票汇总表 |
| 4 | 财政总预算拨款凭证和其他会计凭证 | 30 年 | | | 包括:拨款凭证和其他会计凭证 |
| 二 | 会计账簿 | | | | |
| 5 | 日记账 | | 30 年 | 30 年 | |
| 6 | 总账 | 30 年 | 30 年 | 30 年 | |
| 7 | 税收日记账(总账) | | | 30 年 | |
| 8 | 明细分类、分户账或登记簿 | 30 年 | 30 年 | 30 年 | |

续表

| 序号 | 档案名称 | 保管期限 | | | 备　注 |
|---|---|---|---|---|---|
| | | 财政总预算 | 行政单位事业单位 | 税收会计 | |
| 9 | 行政单位和事业单位固定资产卡片 | | | | 固定资产报废清理后保管5年 |
| 三 | 账务会计报告 | | | | |
| 10 | 政府综合账务报告 | 永久 | | | 下级财政、本级部门和单位报送的保管2年 |
| 11 | 部门财务报告 | | 永久 | | 所属单位报送的保管2年 |
| 12 | 财政总决算 | 永久 | | | 下级财政、本级部门和单位报送的保管2年 |
| 13 | 部门决算 | | 永久 | | 所属单位报送的保管2年 |
| 14 | 税收年报(决算) | | | 永久 | |
| 15 | 国家金库年报(决算) | 10年 | | | |
| 16 | 基本建设拨、贷款年报(决算) | 10年 | | | |
| 17 | 行政单位和事业单位会计月、季度报表 | | 10年 | | 所属单位报送的保管2年 |
| 18 | 税收会计报表 | | | 10年 | 所属税务机关报送的保管2年 |
| 四 | 其他会计资料 | | | | |
| 19 | 银行存款余额调节表 | 10年 | 10年 | | |
| 20 | 银行对账单 | 10年 | 10年 | 10年 | |
| 21 | 会计档案移交清册 | 30年 | 30年 | 30年 | |
| 22 | 会计档案保管清册 | 永久 | 永久 | 永久 | |
| 23 | 会计档案销毁清册 | 永久 | 永久 | 永久 | |
| 24 | 会计档案鉴定意见书 | 永久 | 永久 | 永久 | |

## 13.12　跨年发票入账问题的财税处理

每到年底,很多财务人员都在为跨年的发票发愁,害怕发票跨年入账带来麻烦。现在对企业常见跨年发票处理方法进行介绍。

### 1)跨年发票

所谓跨年发票,通常是指以下两种情况的发票:

①发票开具时间是上一年度,却因各种原因未能在上一年报销(支付)做账,报销(支付)和做账时间却是在次年。例如,出差人员 1 月份报销上一年度 12 月份的出差费用。

②经济业务发生在上一年度,款项支付也在上一年度,却没有在上一年度收到发票。

财务人员之所以会为跨年发票发愁,是因为会计讲"权责发生制"和"实质重于形式"时,就怕税务说"发票才是税前扣除的合法凭据";反之,如果会计人员讲"发票是税前扣除的合法凭据",又怕税务讲"权责发生制"和"实质重于形式"。因此,有很多会计人员会觉得左右为难,对跨年发票是担惊受怕,害怕给企业和自己带来麻烦。

### 2)应对跨年发票

#### (1)属于预付款性质的发票

根据发票的开具规则,销售方或服务提供方在预收款时开具的发票是合法的。如果属于预付款性质的发票,即便是跨年发票,也是可以的。例如,企业与电视台签署了 2018 年一季度的广告合同,合同约定电视台从 2018 年的 1 月 1 日开始播放企业的广告。假如企业在 2017 年 12 月底前支付了广告费,电视台也在 2017 年 12 月 31 日开具了发票。如果财务人员是跨年后的 2018 年 1 月 15 日才收到发票,完全可以把该发票做在 2018 年 1 月份的账里,然后在 2018 年度进行税前扣除(本来也应在 2018 年税前扣除,即便是在 2017 年入账)。

#### (2)属于存货采购的发票

对于存货,即使收到发票也并不意味着马上可以税前扣除,因为存货必须要经过入库、领用、生产、销售等环节后才可以在税前扣除。如果发票是上年的,但是存货在次年才完成入库等程序,上年的发票是可以在次年入账的。例如,企业在 2017 年 12 月 31 日收到一批货物,发票随货物一起寄出,该批货物于 2018 年 1 月 3 日验收合格后入库。此时,发票虽然是 2017 年的,但是可以正常做在 2018 年度,也没有纳税调整。同样道理,企业购置的固定资产,如果因为验收、安装等导致发票入账时间跨年,也可以在次年入账。

#### (3)属于上一年度的成本或费用,收到发票开具的时间是下一年度

《国家税务总局关于企业所得税若干问题规定的公告》(国家税务总局公告 2011 年 34 号)第六条规定,企业当年实际发生的相关成本、费用,因各种原因未能及时取得该成本、费用的有效凭证,企业在预缴季度所得税时,可暂按账面发生金额进行核算;但在汇算清缴时,应补充提供该成本、费用的有效凭证。

对于确实属于当年的成本或费用,但是收到的发票却是次年,可分为以下 3 种情况处理:

①属于当年费用的。如果签署有合同,且支付了相关款项,在支付时估计在当年年底前收不到发票,不要按照常规挂往来账,而是直接计入相关费用。如果在次年 5 月 31

日前收到了发票,即便发票开具时间是次年仍然可以在当年企业所得税汇算清缴时按照34号公告扣除。当然,如果到次年5月31日还未收到发票,则需要进行纳税调整,什么时候收到,再去追补。

②属于当年耗用、销售等存货的。对购进的存货,在收到时不管是否有发票,都应按照正常程序办理验收入库手续,然后该领用的领用出库,该销售的销售出库,月底正常办理存货的成本结转。月底或年底,还未收到进货发票,按照暂估入库,借“存货”,贷“应付账款”。同样道理,次年5月31日前收到发票即可税前扣除,如果到那时还未收到就做纳税调整。

③属于当年购置的固定资产。国税函〔2010〕79号规定,企业固定资产投入使用后,因工程款项尚未结清未取得全额发票的,可暂按合同规定的金额计入固定资产计税基础计提折旧,待发票取得后进行调整。但该项调整应在固定资产投入使用后12个月内进行。

因此,企业不管是否有发票,按照会计准则办理,对固定资产进行暂估入账后进行折旧,然后按照国税函〔2010〕79号进行税前扣除。

#### (4)开具时间和费用所属期间为上一年度,报账时间和付款时间在下一年度

这种情况实际工作中经常存在,如销售人员12月份出差,直到元旦节后才来报销差旅费。针对这种情况,企业会计人员需要做两件事情,通知各部门要报账的尽可能在年底前报账,如果因各种原因不能报账的,应向财务部提供预计报账中发票时间是上年的金额。财务部一方面根据预估的金额确认相关费用,另一方面确认相关负债。相关人员在次年报账时再冲减相关负债和调整相关费用金额。

## 13.13 年底关账重点工作

对于每位会计人来说,年底关账也是一件十分头疼的事。不但要清查资产、核实债务,而且要对账、结账,一直到最后编制财务会计报告。下面介绍年终关账相关工作的注意事项。

### 1)盘点现金和核对银行存款

#### (1)库存现金

现金账上不能出现负数;核对现金账面余额是否与库存现金相符;库存现金是否超过限额规定。

#### (2)银行存款

核对银行存款日记账与银行对账单是否相符;检查银行账户是否有未达账项;个别长期闲置不用账户,建议销户。

### 2) 核实资产和盘点物资

(1) 存货盘点

各项存货实存数量与账面数量是否一致;是否有积压、报废、损失物资;是否有发出商品和在途物资。

(2) 清查固定资产

各项固定资产账面数量与实物数量是否一致,是否存在减值情形;是否有报废资产未清理;损失资产报备资料是否完善。

注意:确认是否有已清理处理的存货和报废固定资产而未进行账务处理;盘点表要有财务监盘人和实物保管人共同签字确认。

### 3) 往来账项的核对、确认、催收、清理

①应收账款及时核对确认金额,应将催收纳入考核,做出账龄分析,了解债务人的财务状况,评估坏账风险。

②其他应收款及时催要结清,避免损失和产生税务风险,是否存在违规行为,如非法拆借资金、抽逃注册资本、给个人的回扣等。

③预收账款要及时按规定结转收入,是否存在调节利润现象。

④应付账款及时核实金额,记账、暂估金额是否属实、合理。

⑤其他应付款中关联方资金占用是否付息,如从股东处借款,是否有非法资金拆借、隐藏收入转移利润。

⑥应付职工薪酬中辞退福利的金额是否正确,预提的年终奖金是否准确。

### 4) 费用的报销和票据的取得

①按照权责发生制原则,当年费用及时入账,避免出现费用跨期入账。

②按照配比原则,分配已支付的费用。

③关注预(计)提、待摊费用余额是否合理。

④已发生并记账的费用是否全部取得合规票据,未取得票据的应把责任落实到具体人员。

### 5) 税务处理应注意的地方

①检查当年的税费缴纳情况。

②检查发票的使用情况。

③检查企业当年的账务处理。

## 13.14 前期会计差错更正的会计处理

前期差错是指在编制前期报表时,由于财务人员的疏忽,没有运用或错误地运用了编制前期报表时所需考虑的某些可靠信息,或前期财务报表在批准时所运用的可靠信息,使得前期报表出现错报或忽略。常见的前期差错包括计算错误、疏忽,对事实进行了曲解,以及运用了错误的会计政策信息等。对于财务人员来说,当遇到前期差错时,应如何进行会计处理和税务处理,本文将通过案例来进行解释。

**【例 13.8】** 在 2016 年 9 月某公司进行纳税自查中发现,在 2015 年企业在进行会计信息填报时,漏填一笔 20 万元的固定资产折旧,企业在缴税时少交了 3 000 元的房产税。应该采取以下会计处理方式:

①前期差错更正的会计处理原则

对于前期差错造成的影响,要根据差错的性质以及具体的数额来综合判断。如果前期差错对企业的财务指标造成了重要的影响,干扰了这些指标的结果,就应该属于重要的前期差错。此时,需要采用追溯重述法进行相关业务处理。如果前期差错不是特别重要,可以采用未来适用法进行调整。

A.不重要的前期差错的处理

对于那些不重要的前期差错,企业在进行财务处理时,可以不对初期数进行修改。但是,对当期和前期的相关项目要进行适当修正。如果对损益造成了影响,要计入财务报表。对那些不影响损益的项目,直接调整其他项目。以例 13.8 为例,账务处理如下:

借:管理费用——房产税　　3 000

　　贷:银行存款　　3 000

B.重要的前期差错的处理

对于出现重要的前期差错,如果确实影响损益的,首先要根据损益的影响数值对期初留存的收益进行调整,然后再对其他项目的初期数值进行相应的调整;如果差错相对较小,并且对损益造成的影响不大,则仅仅对其他项目期初数进行调整即可。

借:以前年度损益调整　　200 000

　　贷:累计折旧　　200 000

借:应交税金——应交所得税　　50 000

　　贷:以前年度损益调整　　50 000

借:利润分配——未分配利润　　15 000

　　贷:以前年度损益调整　　15 000

②前期差错更正的税务处理

对于企业在之前年度实际发生的,在计算企业所得税之前应扣除实际未扣除或者少扣除的相关支出,企业需要专门进行申报和说明,并且向税务部门申请对之前年度的应缴税额进行调整。但追补确认的期限不得超过 5 年。

当出现前期差错而造成企业多缴所得税时，税务部门在确认之后，可在追补确认年度企业所得税应纳税款中抵扣，不足抵扣的，可以向以后年度递延抵扣或申请退税。

对于亏损企业，在确认了之前年度未扣除的所得税项目，或是之前盈利的企业在追补之后出现了亏损的情况时，首先应调整当年的亏损额度，然后按照弥补亏损的原则来计算之后应缴纳的所得税款项，并按照有关规定进行补缴。

上文提到的该公司在 2015 年漏提 20 万元固定资产折旧，同时少缴纳 3 000 元的房产税情况：企业首先要向税务部门及时作出专项申报及其说明，允许企业从 2015 年度的应缴税额中进行扣除。由此造成的企业多缴纳的企业所得税，可申请在 2016 年的企业应缴纳税款中进行扣除。如果 2016 年应缴纳税款不足抵扣，可向之后年度申请进行顺延，或直接申请税务部门进行退税。同时，在 2016 年对企业所得税进行汇总清算时，对 3 000元进行调增。

# 第 14 章 财务人员日常涉税问题

## 14.1 增值税会计核算

自 2016 年 5 月 1 日起，我国在各个行业全面推行营业税改增值税核算，原来的营业税退出了历史舞台。对于原有的以缴纳营业税为主的行业来说，这一税收上的重大变革对企业会计处理无异也是重大挑战。

### 1)增值税“应交税费”科目设置

应交税费的二级科目如图 14.1 所示。

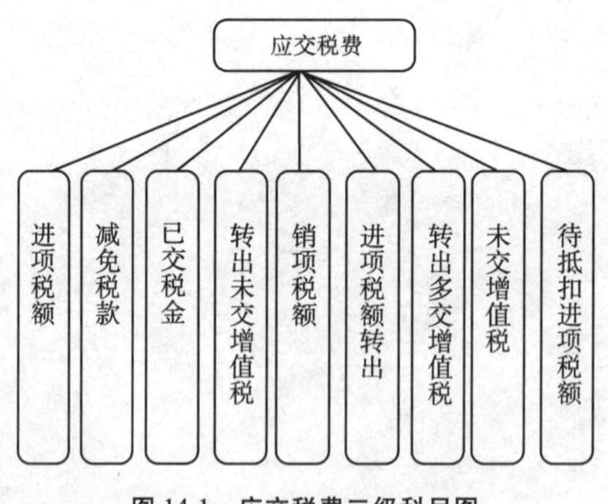


图 14.1 应交税费二级科目图

### 2)“应交税费”核算内容

(1)进项税额

企业购进货物，或接受应税劳务和应税服务而支付的、准予从增值税销项税额中抵扣的那部分增值税税额。企业购入货物或接受应税劳务和应税服务支付的进项税额，财务处理见例 14.1。

【例 14.1】　某企业购进办公用电脑 1 台,价值 3 000 元,增值税进项税额为 540 元。企业编制会计分录如下:

借:固定资产　　3 000
　应交税费——应交增值税(进项税额)　　540
　贷:银行存款　　3 540

(2)减免税款

记录企业按规定抵减的增值税应纳税额。例如,企业初次购买增值税防伪税控系统专用设备支付的费用以及缴纳的技术维护费,允许在增值税应纳税额中全额抵减的,应在"应交税费——应交增值税"科目下增设"减免税款"专栏,用于记录该企业按规定抵减的增值税应纳税额。

【例 14.2】　某有限责任公司成立于 2016 年 3 月,公司 4 月购入增值税防伪税控系统,支付价款共计 4 000 元,同时支付当年增值税税控系统专用设备技术维护费 400 元,当月两项合计抵减当月增值税应纳税额 4 400 元。

首次购入增值税税控系统专用设备,财务处理如下:

借:固定资产——税控设备　　4 000
　贷:银行存款　　4 000

发生防伪税控系统专用设备技术维护费,财务处理如下:

借:管理费用　　400
　贷:银行存款　　400

抵减当月增值税应纳税额,财务处理如下:

借:应交税费——应交增值税(减免税款)　　4 400
　贷:管理费用　　400
　　递延收益　　4 000

以后各月计提折旧时(按 3 年,残值 5%),财务处理如下:

借:管理费用　　105.56
　贷:累计折旧　　105.56
借:递延收益　　105.56
　贷:管理费用　　105.56

(3)已交税金

记录企业已经缴纳的增值税税额。

【例 14.3】　某企业为增值税一般纳税人,每月预缴一次增值税,每次预缴 10 000 元。其账务处理如下:

借:应交税费——应交增值税(已交税金)　　10 000
　贷:银行存款　　10 000

(4)转出未交增值税

记录企业月末转出应交未交的增值税。

【例 14.4】 某增值税一般纳税人企业增值税账户销项税额为贷方 35 000 元,进项税额为借方 17 000 元。月末会计处理如下:

借:应交税费——应交增值税(转出未交增值税)　　18 000
　贷:应交税费——未交增值税　　18 000

(5)销项税额

记录增值税纳税人销售货物或提供应税劳务向购买方应收取的增值税税额,或是发生销售退回的应冲减的销项税额。

【例 14.5】 某增值税一般纳税人企业销售商品被退回,原不含税销售价格为 30 000 元,成本 18 000 元,销项税额为 5 100 元。假设已按税法规定开具了红字增值税专用发票,退回时的会计处理如下:

销售退回时:

借:主营业务收入　　30 000
　应交税费——应交增值税(销项税额)　　5 100
　贷:银行存款　　35 100

冲减成本:

借:库存商品　　18 000
　贷:主营业务成本　　18 000

(6)进项税额转出

记录因各种原因税务不认可而不能从销项税额中抵扣的,并按规定需要转出的进项税额。

【例 14.6】 2016 年 10 月,某增值税一般纳税人企业向某一家电企业购进电视机一批,支付价款 117 000 元,取得对方开具的增值税专用发票,企业将购进的电视发放给员工当福利。其会计处理如下:

借:应付职工薪酬——应付福利费　　17 000
　贷:应交税费——应交增值税(进项税额转出)(117 000/1.17)×17%
　　17 000

(7)转出多交增值税

记录企业月末转出多交的增值税。

【例 14.7】 2016 年 10 月,某增值税一般纳税人企业增值税账户销项税额贷方为 22 000元,借方的进项税为 18 000 元,已交税金为 6 000 元。月末会计处理如下:

借:应交税费——未交增值税　　2 000
　贷:应交税费——应交增值税(转出多交增值税)　　2 000

(8)未交增值税

核算一般纳税人月度终了从“应交增值税”或“预交增值税”明细科目转入当月应交未交、多交或预缴的增值税税额,以及当月交纳以前期间未交的增值税税额。

【例 14.8】 2016 年 10 月,某增值税一般纳税人企业本月增值税销项税额为 17 000

元,进项税为 12 000 元。月末会计处理如下:

借:应交税费——应交增值税(转出未交增值税)　　5 000

　贷:应交增值税——未交增值税　　5 000

(9)待抵扣进项税额

核算一般纳税人已取得扣税凭证并经认证,按照现行增值税制度规定准予以后期间从销项税额中抵扣的进项税额。它包括:自 2016 年 5 月 1 日后取得并按固定资产核算的不动产或不动产在建工程,按现行增值税制度规定准予以后期间从销项税额中抵扣的进项税额;实行纳税辅导期管理的一般纳税人取得的尚未交叉稽核比对的增值税扣税凭证上注明或计算的进项税额。

【例 14.9】　2016 年 10 月,A 企业购进一批办公电脑,取得增值税专用发票价款 20 000元,增值税税额为 3 400 元,当月处于一般纳税人辅导期内。

购入时,账务处理如下:

借:固定资产　　20 000

　应交税费——待抵扣进项税额　　3 400

　贷:银行存款　　23 400

次月允许抵扣时,账务处理如下:

借:应交税费——应交增值税(进项税额)　　3 400

　贷:应交税费——待抵扣进项税额　　3 400

(10)适用简易办法征收的会计核算

一般纳税人提供适用简易计税方法应税服务的,账务处理如下:

借:银行存款

　应收账款

　应收票据

　贷:主营业务收入

　　其他业务收入

　　应交税费——未交增值税

一般纳税人提供适用简易计税方法应税服务的,发生视同提供应税服务应缴纳的增值税税额,财务处理如下:

借:营业外支出

　销售费用

　贷:应交税费——未交增值税

## 14.2　财务人员日常财税风险

随着市场经济的高速发展,企业之间的竞争越来越激烈,企业经营所面临的不确定因素越来越多,财务活动中的风险也越来越多。面对这样的情况,企业必须加强对财务风险的认识,正确地预测、衡量财务风险。

### 1)财税风险形成的原因

①经营者管理者的财务风险意识错误,经常在偷税、漏税和不正当避税上寻求企业节税路径。

②受财务人员的职业素质、职业判断和政策水平的局限,造成业务处理上的差错,从而造成税务风险,致使企业出现偷税、漏税行为。

### 2)如何规避财税风险

自我国实行营改增后,企业现行的纳税税种主要包括两大类,即增值税和企业所得税。

(1)避免增值税的风险

要想规避风险,就需了解税务机关的查账内容。一般情况下,企业如果改换税务机关所在区域或是企业注销,税务机关都会查企业近3年的账务。

税务机关查账的内容如下:

①收入性质账户检查,银行存款、应收账款、其他应收款是否逐笔入账。

②对销售合同进行核对,是否贴印花税,销售合同与收入是否一致。

③对采用预收货款方式销售商品的,检查“库存商品”账户,关注是否按规定记录收入确认时间,是否在货物发出的当天及时结转销售。

④对委托代销货物的纳税人,检查委托代销单位的代销清单,检查受托代销行为是否在收到代销清单的当天确认收入。

⑤对销售应税劳务的企业,检查“银行存款、应收账款”等相关收入性质账户,确认是否在收到销售款凭证时未及时确认销售收入。

对于一般纳税人来说,因购进货物取得的增值税进项税可以抵扣,故税务机关对增值税的进项税是其关注的重点。

①进项税的抵扣凭证。

②增值税发票的真实性。包括发票的真实性与发票业务的真实性。

③有无不准抵扣的进项税额。例如,购进的进项税额货物是否用于非应税项目。

④进项税额的申报抵扣时间是否与税务局规定的时间相符。

注:我国税法规定,增值税进项税额申报抵扣时间如下:

①工业企业购进货物取得增值税进项税发票后,申请抵扣进项税额必须在取得购进货物并已验收入库后,对于尚未收到的货物或收到但还未验收入库的,其进项税额不得作为当期进项税额予以抵扣。

②商业企业购进货物取得增值税进项税发票后,申请抵扣进项税额必须在购进货物付款后才能申报抵扣进项税额,对尚未付款的,其进项税额不得作为当期进项税额予以抵扣。

③接受应税劳务的行为取得增值税进项税发票后，申请抵扣进项税额必须在劳务费用支付后，对于尚未付款但已接受相关劳务的行为，其进项税额不得作为当期进项税额予以抵扣。

(2)避免企业所得税的风险

企业对于所得税上出现的风险，需从以下两点去关注：

①企业需正确计算收入，关注减免收入。

②真实计算税前扣除项目。

### 3)日常财税风险

(1)公司与股东之间的往来引起的查账风险

用公司的资金来购买房屋和汽车等设施设备，没有以公司的名义落户，而是落到股东名下。在实际工作中，经常会出现这样的情况：很多的公司在购买房屋或者办公用车时，不以单位的名义落户，而将产权归到股东的名下。但是，这些房屋和车辆实际上属于公司的资产，然而权利人是股东个人，在纳税时被纳税部门看成对股东的分红，需要交纳20%的个人所得税，并且在缴纳所得税之前不能扣除资产的折旧及其他资产开支。

(2)公司财务报表中显示的股东应收款项和其他应收款

如果仅仅是日常工作中的短期拆借，那么，股东之间的经济往来与其他员工相比，并没有明显的不同。但在实际操作过程中，依然要注意以下两点：

①为了防止股东之间变相的分配利润，地税部门规定，如果股东之间相互借款时间超过 1 年，那么，这部分款项视为分配利润，股东需要交纳个人所得税。

②为了防止账外经营资金变相进入公司，股东向其他人借款金额不能超过投资额的 2 倍。

(3)将公司的费用与股东费用混合在一起，在进行费用划分时不能分清

在实际生活中，经常会出现这样的情况，很多的私营老板会将自己家庭的开支拿到公司来入账，如孩子的学费、旅游的费用、家庭的日常开支以及请客支出等，这些统统列入公司的开支中，希望能得到所得税的减免。实际上，这些费用是不能在计算所得税时扣除的，属于对股东的分红，应交纳 20%的个人所得税。

依照《中华人民共和国所得税法》和国家税务总局的规定，上面提到的 3 种情况都应视为股东从公司获得的分红，应交纳个人所得税，并且这些费用不能计入公司的成本。这样反而使公司应交纳的税务增加，在对营业执照进行年检时情况也会变得复杂。企业的财务人员应注意，凡是以企业的名义购置的资产，应以企业名称入账，权利人是企业。凡是企业发生的成本费用，应用企业的名称开具发票，到年底时，将股东之间的往来账款清平。

(4)重视证据链条

财务人员在日常工作中必须在凭证中及时粘贴发票。如果漏掉相关凭据，在进行所得税查账时会非常麻烦。

①生产性企业在计算生产成本和产品成本时，如果在记账凭证中没有工费及附料清

单,则将视为无计算依据。从税法的角度来看,这个过程所需要的附件一般包含:领料单、人工计算表(必须有考勤表、产品的入库验收单等)、制造费用结转(要与房租、水电费、折旧费和劳保用品使用费等对应,同时必须有支出和入库的发票)。

②在计算产品的销售成本时,要与收入相对应,需要销售的出库单。税务部门在查账的过程中,非常重视对存货数量的检查,任何存货的减少必须以交税为代价,企业对商品的进出必须有完整的证据链条支持。

③用现金来支付员工工资时,必须有员工签领的工资表(在实际工作中,为了控制企业的利润,有些公司的财务部门往往会选择利用工资表进行某些操作,由于工资表是虚假的,因此只能以现金的名义进行发放,并且没有员工的签名,在税务部门进行查账时,能准确地看出问题)。

#### 4)不合格证据链入账

①跨年度进行折旧补提。

②将企业领导层不合格的个人费用,如商业保险计入企业当期费用。

③企业员工的定额发票报销,使得这些费用不能在税前列支。

④应该计提的福利费用,在年末时依然保存。

#### 5)看似符合相关规定,查账时易暴露的问题

①将开办费计入当期成本费用,但未进行纳税额度的调整。在清理开办费时,如果费用较少,一般会忽略此项费用;但如果开办费的金额很大,企业应在接下来至少 5 年内进行摊销,并且在计算所得税时进行税额的调整。

②应收款项多年未回收。如果应收款项在 3 年内不能回收,应该纳入当期应纳税所得额。但是,很多企业并没有及时调整。

③跨年度急性存货暂估入库,并且在当年结转销售成本。

④利用"发出商品"来核算发生的存货,造成企业在交纳增值税时引起时间混乱。依照国家税法规定,当商品发出后,无论是否开具发票,都应及时交纳税款。发出商品这个科目,最长纳税义务周期应该是 6 个月。也就是说,从发出商品开始计算,在 6 个月内,无论是否开具发票或者受到货款,都应到税务部门交纳税款。

⑤将原材料的边角料或废料进行销售,并且没有计入收入。

⑥对一些非应税项目使用原材料,或者是非正常耗损的材料,在进项税额中没有及时处理。

⑦视同销售未正确处理。预收账款超过 3 月不能挂在账上,或者是其他应收账款模糊挂账。

#### 6)个税方面的影响

①公司组织员工旅游,或者是以现金形式发放的补贴等,直接列入了公司的支出费用,但没有计入员工工资总额,也没有计提个人所得税。

②送给客户或供应商以及政府人员的福利,如节日礼品、旅游福利等,直接计入了公司的招待费,却没有按照劳务报酬的形式计算个人所得税。

## 14.3　子公司和分公司的选择

公司架构因组织形式的不同在法律、税收等方面存在不同的特点,投资者在设立公司分支机构也会因其组织形式的选择不同,其经济利益也将产生巨大的差别。实务中,当企业因业务发展需要设置分支机构时,投资者或是老板经常会问财务人员一个问题:分支机构到底是分公司好还是子公司好?下面通过图 14.2 先来看一下分公司与子公司的区别。

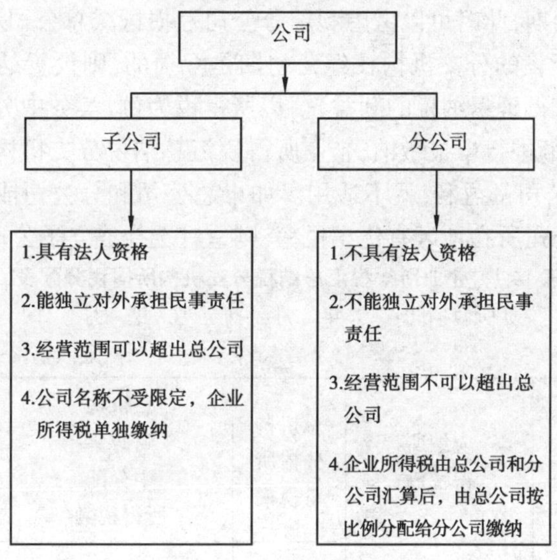


图 14.2　分公司与子公司的区别

### 1)法人资格

法人资格是指企业分支机构所属的性质。它一般可以从营业执照上可以看出(如果是子公司一般写的是法人×××,分公司一般写的是负责人×××)。

### 2)民事责任

子公司是具有独立承担民事责任的主体,分公司则不能独立承担民事责任。一旦公司与外部发生法律责任时,分公司不能成为主体,而要由总公司来承担民事责任。

### 3)经营范围

经营范围即营业执照上注明的企业经营业务事项。子公司经营范围可以超出总公司,分公司经营范围则不能超出总公司。如果分公司的经营范围超出总公司,那就要求总公司去变更经营范围(公司对外开票时,不能开具经营范围以外的业务事项)。

### 4) 名称限定与所得税缴纳方式

子公司名称可自由选择,分公司则需要以母公司名字相同且再后边加上分公司字样。子公司作为独立的法律主体需要单独缴纳企业所得税;分公司则需要先与总公司汇算利润总额,当汇算过后再由总公司按照比例对各分公司进行分配所得税缴纳比例。

站在税收的角度,分公司和子公司只要有销售都要确认增值税、城建税、教育费附加、印花税、房产税等。但是,因为分公司不具有独立法人资格,在缴纳所得税时需要先将利润总额由总公司汇算后再清缴。因此,站在所得税筹划的角度,分公司和子公司组织结构的选择将会给企业的收益产生较大影响。

一般新成立的分支机构比较适合采用分公司形式,因新成立机构前两年一般处于投入状态,利润处理亏损期,此时可以考虑利用分公司亏损抵减总公司利润政策,使公司整体推迟纳税(当预期新设的分支机构在经营初期是亏损的,则设置的分支机构是能够汇总纳税的分公司,以获得延迟纳税的利益)。以所得税为例,实务中分公司所得税一般由总公司分配比例或金额进行申报缴纳,企业所得税汇总纳税分支机构所得税分配表见表14.1。公司如果总分公司都盈利,就不适用。如果总公司和分公司或子公司不在同一地区,并且分公司或子公司所在地区有优惠税率,则适宜选择成立子公司。

**表 14.1　企业所得税汇总纳税分支机构所得税分配表**

税款所属期间：　　年　月　日至　　年　月　日

总机构名称：　　　　　　　　　　　　　　　　金额单位:人民币(列至角、分)

<table>
<tr><td colspan="2">总机构纳税人识别号</td><td>应纳所得税额</td><td>总机构分摊所得税额</td><td colspan="2">总机构财政集中分配所得税额</td><td colspan="2">分支机构分摊所得税额</td></tr>
<tr><td colspan="2"></td><td></td><td></td><td colspan="2"></td><td colspan="2"></td></tr>
<tr><td rowspan="7">分支机构情况</td><td rowspan="2">分支机构纳税人识别号</td><td rowspan="2">分支机构名称</td><td colspan="3">3 项因素</td><td rowspan="2">分配比例</td><td rowspan="2">分配所得税额</td></tr>
<tr><td>营业收入</td><td>职工薪酬</td><td>资产总额</td></tr>
<tr><td></td><td></td><td></td><td></td><td></td><td></td><td></td></tr>
<tr><td></td><td></td><td></td><td></td><td></td><td></td><td></td></tr>
<tr><td></td><td></td><td></td><td></td><td></td><td></td><td></td></tr>
<tr><td></td><td></td><td></td><td></td><td></td><td></td><td></td></tr>
<tr><td>合计</td><td>—</td><td></td><td></td><td></td><td></td><td></td></tr>
<tr><td colspan="4">纳税人公章：</td><td colspan="4">主管税务机关受理专用章：</td></tr>
<tr><td colspan="4">会计主管：</td><td colspan="4">受理人：</td></tr>
<tr><td colspan="4">填表日期：　　年　月　日</td><td colspan="4">受理日期：　　年　月　日</td></tr>
</table>

## 14.4　小规模纳税人是否要转为一般纳税人

企业在新办时或企业面临规模扩大时,经常会遇到纳税人身份选择的问题。增值税纳税人一般有两种身份,即增值税一般纳税人和小规模纳税人。企业到底选择哪种纳税人类型比较好?已经是小规模纳税人的企业需要转为一般纳税人吗?下面就通过税负平衡点来看企业究竟该如何权衡利弊,如何选择纳税人身份。

### 1) 小规模纳税人

小规模纳税人是指年应税销售额在 500 万元以下,并且会计核算不健全,不能正确核算增值税销项税额、进项税额和应纳税额的增值税纳税人。如果小规模纳税人年应税销售额超过 500 万元,按税法规定应申请转为一般纳税人。对于达到一般纳税人条件但却不主动申请的纳税义务人,税务机关有权利强制将企业转变为一般纳税人身份。小规模纳税人一旦符合条件申请转换为一般纳税人,就不能再转回小规模纳税人身份了。小规模纳税人成为一般纳税人是不可逆的选择,企业做出选择前,务必要考虑清楚。

### 2) 小规模纳税人与一般纳税人的区别

小规模纳税人与一般纳税人的区别如图 14.3 所示。

| 一般纳税人 | 小规模纳税人 |
| --- | --- |
| 一般纳税人税率:17%,11%,6% | 小规模纳税人征收率:3% |
| 增值税进项税可抵扣 | 增值税进项税不可以抵扣 |
| 应纳增值税税额=(销项税额-进项税额)/(1+税率)×税率 | 应纳增值税税额=含税销售额/(1+征收率)×征收率 |

图 14.3　小规模纳税人与一般纳税人的区别

从征收率与税率的比较来看,小规模纳税人的征收率远远低于一般纳税人的税率,但因为增值税一般纳税人可以抵扣进项税,所以单从此并不能看出哪种类型的纳税人负担的税负更具优势。

### 3) 税负平衡点

现以适用税率为 17%的增值税一般纳税人为例,分析企业销售毛利率与税负平衡点的关系对应纳税额的影响。假设一般纳税人企业购进的货物成本均能取得增值税专用发票,小规模纳税人适用的征收率为 3%。

某企业购进货物一批,增值税专用发票开具的货款为 100 万元,企业将此批产品以 110 万元的价格售出,即产品销售毛利率为 10%,分别计算一般纳税人、小规模纳税人应纳增值税税额,即

$$\text{增值税一般纳税人应纳增值税税额}=\frac{110\text{ 万元}-100\text{ 万元}}{1.17}\times 0.17=1.45\text{ 万元}$$

$$小规模纳税人应纳增值税税额=\frac{110\text{ 万元}}{1.03}\times 0.03=3.20\text{ 万元}$$

同理,分别取销售毛利率为15%,20%,25%,30%,35%,40%,计算一般纳税人、小规模纳税人应纳增值税税额。其计算结果见表14.2。

表14.2　不同销售毛利率下应纳增值税税额

| 购进成本/万元 | 销售毛利率/% | 增值税一般纳税人应纳增值税税额/万元 | 小规模纳税人应纳增值税税额/万元 |
|---|---|---|---|
| 100 | 10 | 1.45 | 3.20 |
| 100 | 15 | 2.18 | 3.35 |
| 100 | 20 | 2.91 | 3.50 |
| 100 | 25 | 3.63 | 3.64 |
| 100 | 30 | 4.36 | 3.97 |
| 100 | 35 | 5.08 | 3.93 |
| 100 | 40 | 5.81 | 4.08 |

由表14.2可得出,当纳税人的销售毛利率达到25%时,一般纳税人、小规模纳税人应纳增值税税额基本相等。也就是说,25%的销售毛利率即为企业税负平衡点。当纳税人销售毛利率小于25%的情况下,一般纳税人的应纳增值税税额小于小规模纳税人的应纳增值税税额,一般纳税人才有税负优势。

#### 4)小规模纳税人转一般纳税人要慎重

由税负平衡点计算分析可知,当销售毛利率大于税负平衡点时,一般纳税人的税负高于小规模纳税人。企业想要选择低税负,就选择为小规模纳税人;当销售毛利率小于税负平衡点时,一般纳税人的税负低于小规模纳税人,企业想要选择低税负,就选择为一般纳税人。同时,企业还要从自身的业务对象考虑,要看客户是否为一般纳税人,是否需要提供增值税专用发票,虽然小规模纳税人可到税务申请代开专用发票,但代开发票税务机关也要收取相应的税点。因此,企业对于纳税身份的选择需要全面均衡,应尽可能综合考量降低企业税负但又不影响销售等因素。

## 14.5　常见专用发票抵扣问题

全面实行"营改增"后,企业财务人员要面对新政策的变化,特别是发票抵扣的问题一定要紧跟税务法规的更新,以避免企业出现不必要的浪费。由于财务工作政策性极强,加上税务政策更新频繁,因此,实务中难免有些抵扣问题不知该如何处理。下面举例说明企业常见业务专用发票抵扣政策。

**1)企业车辆 ETC 卡充值能否抵扣**

ETC 充值卡充值类似于公交卡充值,在充值时车辆并没有接受到相关的道路通行服务,相当于企业的预付账款。因此,其充值取得的发票不能在税前抵扣。同时,ETC 售卡行为也不征税,也不得向充值人开具增值税专用发票,只能开具增值税普通发票。

**2)公司购买酒水取得的专票能否抵扣**

首先要看公司购买酒水的目的是什么。如果公司购入酒水的目的是经营,也就是为了出售产品,则取得的专用发票是可以正常抵扣的;如果企业购入的酒水是为了招待、自用等,则不能抵扣。另外,税法规定,商业企业零售的烟、酒、食品等不得开具增值税专用发票。

**3)税率不同的增值税一般纳税人企业取得专票如何抵扣**

只要取得的是合理的、实际发生的合规增值税专用发票,不管企业适用怎样的税率,均可按专票的进项税全额抵扣。例如,某一企业适用税率为 6%,取得一张 17%税率的增值税专用发票,那么,企业可按取得进项税的多少全额抵扣。

**4)一般纳税人简易计税项目取得专用发票是否需要认证**

由于简易计税项目取得的专用发票不允许税前抵扣,因此,对于一般纳税人的某些特定项目采用简易计税,即使取得了专用发票也不能抵扣。但是,企业还需按照正常的程序对相应发票进行认证,然后账务再做转出处理。

**5)登记为一般纳税人前取得的增值税专用发票是否可以抵扣**

根据《关于纳税人认定或登记为一般纳税人前进项税额抵扣问题的公告》(国家税务总局公告 2015 年第 59 号)第一条规定:“纳税人自办理税务登记至认定或登记为一般纳税人期间,未取得生产经营收入,未按照销售额和征收率简易计算应纳税额申报缴纳增值税的,其在此期间取得的增值税扣税凭证,可以在认定或登记为一般纳税人后抵扣进项税额。”

例如,某企业于 2016 年 1 月份办理税务登记,2 月份购进若干设备并取得增值税专用发票,其间并未进行生产经营,未取得生产经营收入,至 3 月份到税务机关登记为一般纳税人,其 2 月份取得的增值税专用发票可以在登记为一般纳税人后抵扣进项税额。

**6)超过认证期限的增值税抵扣凭证能否认证抵扣**

根据《国家税务总局关于逾期增值税扣税凭证抵扣问题的公告》(国家税务总局公告 2011 年第 50 号)和《国家税务总局关于进一步优化增值税、消费税有关涉税事项办理程序的公告》(国家税务总局公告 2017 年第 36 号)的规定,增值税一般纳税人发生真实交易但因客观原因造成增值税扣税凭证(包括增值税专用发票、海关进口增值税专用缴款书和机动车销售统一发票)未能按照规定期限办理认证、确认或者稽核比对的,经主管税务机关核实、逐级上报,由省国税局认证并稽核比对后,对比对相符的增值税扣税凭证,允许纳税人继续抵扣其进项税额。增值税一般纳税人因除本公告第二条规定以外的其他原因造成增值税扣税凭证逾期的,仍应按照增值税扣税凭证抵扣期限有关规定执行(自 2018 年 1 月 1 日起施行,2018 年之前逐级上报至国家税务总局进行认证并稽核比对)。客观原因包括以下类型:

①因自然灾害、社会突发事件等不可抗力因素造成增值税扣税凭证逾期。

②增值税扣税凭证被盗、抢,或者因邮寄丢失、误递导致逾期。

③有关司法、行政机关在办理业务或者检查中,扣押增值税扣税凭证,纳税人不能正常履行申报义务,或者税务机关信息系统、网络故障,未能及时处理纳税人网上认证数据等导致增值税扣税凭证逾期。

④买卖双方因经济纠纷,未能及时传递增值税扣税凭证,或者纳税人变更纳税地点,注销旧户和重新办理税务登记的时间过长,导致增值税扣税凭证逾期。

⑤因企业办税人员伤亡、突发危重疾病或者擅自离职,未能办理交接手续,导致增值税扣税凭证逾期。

⑥国家税务总局规定的其他情形。

#### 7)认证时发现增值税专用发票属于失控发票能否抵扣

通常失控发票为异常发票,如:收票方已经认证,但销售方又把发票作废了;收票方已经认证,但销售方未申报;发票联和抵扣联不一致的虚假增值税发票。

根据《国家税务总局关于失控增值税专用发票处理的批复》(国税函〔2008〕607 号)规定:"购买方主管税务机关对认证发现的失控发票,应按照规定移交稽查部门组织协查。属于销售方已申报并缴纳税款的,可由销售方主管税务机关出具书面证明,并通过协查系统回复购买方主管税务机关,该失控发票可作为购买方抵扣增值税进项税额的凭证。"

#### 8)丢失增值税专用发票能否认证抵扣

前述第 3 章内容已介绍,对于增值税一般纳税人丢失专用发票行为,具体处理办法如下:

①一般纳税人丢失已开具专用发票的发票联和抵扣联,如果丢失前已认证相符的,购买方可凭销售方提供的相应专用发票记账联复印件及销售方主管税务机关出具的《丢失增值税专用发票已报税证明单》或《丢失货物运输业增值税专用发票已报税证明单》,作为增值税进项税额的抵扣凭证。

②如果丢失前未认证的,购买方凭销售方提供的相应专用发票记账联复印件进行认证,认证相符的可凭专用发票记账联复印件及销售方主管税务机关出具的《证明单》,作为增值税进项税额的抵扣凭证。专用发票记账联复印件和《证明单》留存备查。

## 14.6　想创业　我国企业都要交哪些税

创业者懂一些基本的财务知识是很有必要的。在企业创立之初,有太多的事项是与资金密不可分的。从企业的筹资到运营,再到与工商、税务部门打交道,处处都离不开财务的指导。

企业创办之初最要紧的就是资质的取得,首先企业要办理各种证件。目前,成立新公司的手续比以前缩减了很多环节,相对来说,新公司成立简单、方便多了。企业在工商部门申请注册后,第一个要交的税就是前述的印花税,企业证照的印花税按件征收,即 5 元/本。如果企业注册资本的取得有从金融机构借款,则借款合同也要按照合同金额的万分之五贴花。另外,企业正式运营后如果与客户签订了购销合同,无论是购进还是销售都要按照合同金额万分之三缴纳印花税。当公司步入正轨后,如果确认了收入,就要按照增值税销项税额抵减进项税额的差额部分缴纳增值税,增值税税率一般是 17%。如果经营的是高档消费品还要缴纳消费税,如销售卷烟、白酒、化妆品或者珠宝。

每月月底,对于职工工资薪酬部分,企业需要为员工代扣代缴个人所得税。每个季度末,企业还需根据经营利润所得缴纳企业所得税,一般企业所得税税率是 25%。如果企业申请注册的是小微企业,现行制度下小微企业所得税有税收优惠,即可以减按应纳税额的 1/2,按照 20%的税率征收企业所得税,也就是实际税率是 10%。

除此之外,如果企业缴纳了增值税,那么,企业就需要以缴纳的增值税为基数交城建税、教育费附加和地方教育费附加。一般城建税税率为 7%,教育费附加税率为 3%,地方教育费附加税率为 2%。如果企业购入汽车,除了在购买时要交的车辆购置税(按不含税价格收取 5%~10%),企业每年还需要交车船税。车船税按汽车排量征收标准的不同,一般公务用车 360~660 元/年。如果企业自己拥有工厂和房产,企业每年还要涉及房产税,还可能涉及土地增值税、耕地占用税等。我国企业常缴纳税种及税率见表 14.3。

**表 14.3　我国企业常缴纳税种及税率**

| 税　种 | 税　率 |
|---|---|
| 增值税 | 17%,11%,6% |
| 所得税 | 25% |
| 印花税 | 0.05%,0.03%,5 元/本 |
| 消费税 | 从价、从量征收 |
| 个人所得税 | 超额累进税率 3%~45% |
| 城建税 | 7%,5% |
| 教育费附加 | 3% |
| 地方教育费附加 | 2% |

续表

| 税 种 | 税 率 |
|---|---|
| 车辆购置税 | 按不含税价格收取 5%~10% |
| 车船使用税 | 按排量 |
| 房产税 | 1.2% |
| 土地使用税 | 按面积征收 |

根据财政部经济建设司 2013 年 7 月的报告,我国企业税负达 40%左右。中金公司 2015 年 8 月发布的《降低税负不应缺席稳增长和调结构》研究报告中,显示 2015 年中国的宏观税负为 37%。而世界银行 2013—2014 年《营商环境报告》中披露中国企业的“总税率”仍是 63.7%。不管统计口径出自哪里,我国企业的税负还是比较高的。因此,企业应按期缴纳税款。如果不及时缴纳税款,税务机关有权按照少缴税款金额每天按万分之五征收滞纳金。

## 14.7 商业健康保险如何抵扣个税

我国从 2017 年 7 月 1 日起,对个人购买符合规定的商业健康保险产品的支出,可按规定标准在个人所得税前扣除。

### 1)扣除标准与时间

①企业对于符合规定的个人购入或单位购入的商业健康保险,允许个人在计算应纳个人所得额时税前扣除,每年扣除最高限额不得超过 2 400 元。

②取得工资薪金所得或连续性劳务报酬所得的个人,自行购买符合规定的商业健康保险产品的,应及时向代扣代缴单位提供保单凭证。扣缴单位自个人提交保单凭证的次月起,在不超过 200 元/月的标准内按月扣除。

### 2)商业健康保险购入方式

①个人自行购买。

②单位购买。

③个人与单位共同购买。

### 3)商业健康保险税前扣除方法举例

#### (1)自行购买

某公司员工张某自行购买商业健康保险产品,保单一年保费 4 500 元,张某税前工资 8 000 元,每月五险一金扣除部分为 2 000 元,张某 2016 年 5 月向公司提交了保单,单位

从 6 月开始扣除,则

6 月张某应纳个税=(8 000 元-3 500 元-2 000 元-200 元)×10%-105 元=125 元

(2)单位购买

单位统一为员工购买符合规定的商业健康保险产品,保费视同个人薪金所得,应当按月计入个人工资明细清单,并于次月起在不超过 200 元/月的标准内按月扣除。

2016 年 5 月公司为员工购买商业健康保险产品,年缴费 4 800 元,公司员工张某税前工资 8 000 元,每月五险一金扣除部分为 2 000 元,则

6 月张某应纳个税=(8 000 元+4 800 元÷12-3 500 元-2 000 元-200 元)×10%-105 元=165 元

(3)个人与单位共同购买

2016 年 5 月公司为员工购买商业健康保险产品,年缴费 4 800 元,单位与个人各承担 50%,公司员工张某税前工资 8 000 元,每月五险一金扣除部分为 2 000 元,则

6 月张某应纳个税=(8 000 元+2 400 元÷12-3 500 元-2 000 元-200 元)×10%-105 元=145 元

### 4)商业健康保险税收优惠适用范围

适用商业健康保险税收优惠政策的纳税人,主要适用于:

①取得工资薪金所得、连续在同一单位服务超 3 个月取得劳务报酬的个人。

②取得个体工商户生产经营所得、对企事业单位的承包承租经营所得的个体工商户业主、个人独资企业投资者、合伙企业合伙人及承包承租经营者。

# 第 15 章 常用财务报表需知道

## 15.1 增值税为何没在利润表中体现

为什么增值税没有出现在利润表中,企业每期根据增值税销项税额与申请抵扣的进项税额之差支付了增值税,已经产生的税金支出不是企业的成本吗? 增值税对利润的影响在哪里? 这是因为企业的增值税实行的是价外税,实际上增值税最终是由消费者承担的。企业在销售商品时是由价和税的总额构成了销售合同,在对外开具的增值税发票是价税分离的,而在真正确认收入时只有价款才确认为收入,增值税销项税实则形成了对税务机关的负债。从这种角度上来看,企业形成的增值税销项税则实为企业向消费者代收的货款,也就是代税务机关收的款项,然后需要按月返还给税务机关的,但返还时并不是将所有的销项税都支付给税务机关,企业在缴纳增值税时,其中有一部分是需要扣除的,这一部分就是增值税进项税。从会计科目设置角度看,增值税不同于所得税。所得税是一种费用支出,发生时记入"所得税费用",但增值税是体现在企业的负债科目的,发生时记入"应交税费——应交增值税"科目,并没有计入费用,所以不影响企业的利润表。

既然增值税不影响企业的利润表,但为什么还会有虚开增值税发票、偷逃增值税的现象呢? 这是因为增值税并不是不影响利润,而是它对利润的影响并没有直接体现出来。它间接地影响企业利润,是通过影响资产负债表的资产来间接影响利润的。增值税对企业利润的影响可体现在以下 5 个方面:

**1)收入上的影响**

因为有增值税企业的收入减少了,如果在没有增值税的时候,合同额就是收入,因为有了增值税,合同额里面是要扣除增值税销项税部分才是企业真正要确认的收入部分。这样一来,等于收入缩减了。现对比一下一般纳税人和小规模纳税人就能清楚看出,如 100 万元的商品销售合同,一般纳税人能确认的收入 85.47 万元(100 万元/1.17 = 85.47 万元),而小规模纳税人能确认的收入则为 97.09 万元(100 万元/1.03=97.09 万元)。

**2)成本费用方面的影响**

因为有了增值税,企业的成本费用也会相应地增减。如企业在购置资产时,支出的款项是包括增值税进项税的,这部分进项税在未来是可以进行纳税抵扣的。这就等于降低了企业的成本费用。

**3)附加税的影响**

附加税是以实际缴纳的流转税为依据提取的,如果企业的收入有影响,成本费用有影响,那自然也会影响到增值税的缴纳,从而影响到附加税。而附加税是体现在利润表里的,它是作为企业的费用列示的,当然就会影响到企业的利润。

**4)应收账款坏账的影响**

当企业采用赊销方式销售商品时,在确认收入时,企业要同时产生增值税销项税。此时,收入与增值税销项税都是体现在应收账款科目里面。不管应收账款能不能如期收回,但企业的增值税是要如期缴纳的。如果应收账款最终被确认为坏账,则说明收入和增值税销项税收不回来。那么,企业的销项税就等于被最终认定为一项费用,从而影响企业的利润。

**5)视同销售与进项税转出的影响**

视同销售是税务机关把成本费用当成收入来看,要从中扣除一部分来当作增值税的销项税。这样一来,也自然会影响到企业的成本费用。进项税转出是税务机关不认可成本费用用作在纳税项目上,自然这些成本费用所附带的进项税就不能纳入抵扣范畴内,等于加大了成本费用。

通过以上分析可以看出,增值税对企业的利润是有影响的,只是这个影响没有直接体现到利润表上而已,而是通过间接的方式影响的。

## 15.2 资产减值损失与利润操纵

我国《企业会计准则》规定,企业应当定期对各项资产进行全面检查,合理地预计各项资产可能发生的损失,对可能发生的损失计提资产减值损失。这个要求体现了会计质量要求中的谨慎性原则,即不得高估资产或收益,不得少计负债或费用。

资产减值损失是指资产的实际可回收金额小于其资面账值而给企业带来的损失。实务中,常见的资产减值损失形成是因企业采取赊销方式而收不回的账款,但同时也会有一些企业会利用资产减值来操纵企业利润。

为什么资产减值政策会受到企业如此青睐?资产减值损失除了有计提的业务处理外,还有一项是当企业已经计提的减值重新收回来之后,可以转回资产减值损失。正因为其在计提和转回上的业务处理上有可操作性,所以有些企业就用其调节利润,以达到自己期望的效果。例如,有些企业在经营期的某一年度各项指标较好时就把坏账准备的计提比例稍微提高,这样资产减值损失金额就会变大,在以后经营年度业绩不好时再转回;又如,企业在当年预期财务目标不能实现时,利用"一次亏足"然后在以后年度转回实现盈利;再如,企业已有证据表明资产确定发生了减值,但企业为了确保当年实现盈利而没有足额计提减值等。这些操作方法都是企业利用资产减值可计提、可转回的政策操纵利润的表现形式。

从一些案例的发生可知,资产减值的计提、转回在某些上市公司中起到了"重要"的作用,成为 ST 公司扭亏的法宝。

### 1)少计提资产减值损失,增加企业利润

国内某知名家电上市企业在 2003 年发布了一则类似年报的公告。公告显示了其在 2000 年虚增利润 4 952 万元。究其原因发现此企业在对资产(特别是应收账款)的处理时采用少计坏账准备、少计存货跌价准备,少计长期投资减值准备,并且金额分别达到 4 392万元、2 813 万元和 685 万元。该企业事发后对此事件的解释颇为牵强,仅为会计处理不当、会计估计不当以及会计信息传递不及时、不真实等原因造成的。这里来分析其深层次的原因。我国相关法律有条规定,如果境内上市公司连续两年亏损,会被进行"特别处理",即 ST。查看该企业以往的年报可以发现,该企业在 1999 年时处于亏损状态,并且亏损额高达 17 984 万元。试想,如果企业在 2000 年继续亏损,按照规定则将被 ST。企业管理者正是为了不被 ST,才少提当年应提各项减值准备。该企业这样操作违背了会计准则规定的,不得少计负债和损失的谨慎性原则。因此,企业也难以摆脱利用资产减值粉饰报表的情结。

### 2)多提资产减值准备,减少企业利润

某上市投资公司 2002 年年报中显示每股收益-1.07,当期亏损总额高达 2.65 亿元。现在来看这家投资公司以前 3 个年度的财务报告,发现在 2002 年实际的主营业务收入比上一年度增长了 24%,主营业务利润比上一年度增长了 40%。但是,其中资产减值准备、存货跌价准备和长期投资减值准备等资产减值中计提了高达 1 亿元的准备金,这就使得公司在管理费用上出现较上一年度急速增长的情况。仔细研究才发现,费用剧增是导致公司在收入与利润同时增长还出现了巨额亏损的主要原因。其根源何在,公司这么做是因为即使在 2002 年收入与利润同增,但公司还是处于亏损状态,既然都是亏损,那就再多亏损一些,这样下一年度便可实现扭亏为盈。因此,公司才大量计提减值准备,就是为下一年作准备。

### 3)转回资产减值准备,增加利润,粉饰业绩

国内某上市公司主要投资方向是房地产、农业、林业,是一家多元化投资的集团公司。从 2000 年开始,这家公司连续两年亏损即将面临退市的风险,该公司在 2002 年 4 月

30 日起被暂停上市,到 2002 年 7 月公司半年报告对外披露时,该公司宣布截至 2002 年 6 月 30 日实现净利润 162.62 万元,短短的时间实现扭亏为盈,进而公司恢复上市。到了公司第三季度财务报告对外公布时,该公司财报上却显示第三季度实现净利润-1 369.85 万元。在此,该公司如“过山车”般的变化不得不使人质疑,几个月内为何会有如此大盈大亏?我们再来看该公司以前年度报告就不难发现问题的所在了。该公司在 2001 年上半年冲销资产减值准备 95 万元,同年又计提了减值准备 1 812 万元,在 2002 年上半年又冲销资产减值准备 106 万元。也就是说在 2001—2002 年一年多的时间里,该公司对资产减值冲销、计提、再冲销,利用的就是资产减值准备可冲销的手段粉饰企业财务报表。

## 15.3　不同主体看报表

财务报表是企业财务信息对需求者的表达形式。一个企业的信息需求主体一般包括投资者(股东)、经营者(管理者)、债权人、企业员工及企业供应商等。不同的使用者对信息需求的侧重点各有不同。

### 1)投资者的关注点

提到投资者的关注,不可否认,投资者高度关注的是企业的投资回报率。但投资者的类型有多种,是否所有投资者所关注的点都一样呢?肯定不是。一般情况下,企业投资者分为两大类:一类是大股东,也就是对企业有所有权或者是控制权;另一类是一般投资者,类似于“散户”。虽说都是投资者,但两者对企业财务报告的关注点则各有不同。对于大股东来说,投资者考虑更多的是企业的长久发展、企业的竞争力、市场占有率、品牌效益及社会效益等,投资者追求的企业价值最大化,关注的是企业的盈利能力和发展能力。而一般投资者关注的则是企业是否盈利,以及股利、红利的发放等短期行为。

### 2)经营者(管理者)的关注点

所有权与经营权分离,这是大部分企业采用的经营方式。经营者作为企业的“管家”,身处不同利益主体之间,要知道各方面的利益需求,同时协调各方面的利益关系,寻求各方面的利益平衡。经营者必须对企业财务状况的方方面面充分关注。从财务分析的角度,经营者需要关注的财务指标包括营运能力、偿债能力、盈利能力及发展能力等信息。

### 3)债权人的关注点

债权人就是借钱给企业的人。因此,债权人关注的重点很简单,就是企业能不能按时还上钱。一般企业的借款方式有两种:长期借款和短期借款。对于长期借款债权人关注的就是企业长期偿债能力、资本结构、经营能力及获利能力等;对于短期借款债权人关注的就是企业短期财务状况、短期偿债能力、存货周转率及获利能力等。另外,所有债权人都应关注企业的资产变现能力和变现价值,因为一旦企业出现倒闭清算情况,债权人享有优先清偿权。

**4)企业员工的关注点**

从财务角度讲来讲,企业员工是企业最大的人力资本。员工为企业创造价值,同时也要从企业获取报酬。因此,员工最为关注的就是企业能长久、稳定地发展,企业能拥有充沛的现金流。

**5)企业供应商的关注点**

供应商作为企业价值链的关键环节,其自身发展与企业发展密不可分。供应商的目的是销售产品的实现,同时要确保货款的及时回收。因此,企业的经营能力、盈利能力和偿债能力等都决定其是否能与企业建立长期的合作关系。

## 15.4 如何分析财务报表

财务报表能正确反映一个企业的资金状况,也能较好地预测和定位企业未来的财务走向和经济发展方向。对于财务人员和企业管理层来说,如何分析财务报表,确定分析重点很重要。

**1)确定报表分析的重点项目**

首先要明确报表分析的目的,然后确定分析的重点项目。

例如,如果想了解企业存货销售情况,就应该去联想企业报表中哪些项目与企业的存货相关,这样便可锁定分析项。先看资产负债表与存货可能相关的项目,如货币资金和应收账款;再来看利润表当中可能与存货有关的项目,如营业收入和营业成本;最后看现金流量表当中与存货有关的项目,如销售商品收到的现金流量和采购商品支付的现金流量。

**2)关注重点分析项目之间的联系**

在分析企业某一方面财务状况时,如果仅看一张报表得出的结论可能是片面的,但如果将多张报表交叉分析,得出的综合结论肯定比看一张报表得出的结论可靠。因此,确定报表分析的重点项目之后,还不能忘记将各项目的数据进行系统分析。

例如,资产负债表中的存货下降、货币资金增加,现金流量表中的经营现金净流入增加,以及利润表中的营业收入增加,三张报表一起分析,基本上可得出该企业销售情况良好的结论。

综上所述,在进行报表分析时,一要明确目的,二要确定分析重点,三要关注指标之间的相互联系。

### 3) 资产负债表分析

我国的资产负债表采用的是账户式结构,它分为左右两部分。资产负债表的右部分:资本结构——财务风险;资产负债表的左部分:资产结构——经营风险。

资产负债表的右部分是企业资金来源。通过负债与所有者权益项目金额的对比、期末与期初的对比,基本可能判断企业的财务风险高低及其变化趋势;资产负债表的左部分是企业资产的分布。通过流动资产与长期资产项目金额的对比、期末与期初对比、基本可以判断企业的经营风险高低及其变化趋势。因此,拿到资产负债表后,一看资金来源,二看资产分布,三进行前后期对比分析,即可判断企业财务风险与经营风险高低、资产资本结构是否合理的结论。

### 4) 利润表分析

利润表从当期的内部结构分析,可以判断企业利润的来源与构成。前后期相同项目对比分析,可以判断企业盈利的变化原因及其发展趋势。因此,对利润表:一要进行结构分析,从而判断公司盈利质量高低;二要进行前后各期比较分析,可以掌握公司盈利能力变化的原因及其企业的发展能力。

### 5) 现金流量表分析

现金流量表从 4 个方面反映企业的现金净流量状况,即经营活动产生的现金净流量、投资活动产生的现金净流量、筹资活动产生的现金净流量、现金及现金等价物的净增加额。

经营活动、投资活动、筹资活动的现金流之间的相互关系可以这样简单理解:如果经营活动有钱流进了,投资才会有钱流出;如果经营活动流进的钱够多,就可以分红,就可以还债,筹资活动就会有钱流出。反之,如果经营活动不景气,则经营活动的现金流萎缩,甚至会负数。资金出现短缺怎么办?筹资,因筹资活动会有钱流进;如果还不行,则需要处理闲置资产,这时,投资活动会有钱流进。

仅仅是从单张报表阅读得出一些基本判断,结果可能是片面的,甚至是错误的。因此,综合分析报表进行再判断就显得尤为重要。如何快速印证企业常用 3 张报表之间的关系,是财务人员在进行报表分析时需要掌握的。

例如,资产负债表中的流动资产、流动负债往往与现金流量表中的经营现金流量相关;长期资产与现金流量表中的投资现金流量相关;长期负债、所有者权益项目往往与筹资活动现金流量相关;利润表中的收入项目往往与流动资产相关;费用项目往往与存货、固定资产相关;通过各项目之间的印证关系,可掌握企业财务状况、现金流、经营成果的基本情况,甚至也可找出某些造假的财务报表。

## 15.5 会计报表应关注的科目

在阅读财务报表时,其实不需要面面俱到,抓住几个关键数据就能对一个公司的基本情况作出判断。当然,有些不法公司会呈现出假的会计报表,这就需要重点关注几个科目,才能做出正确的判断。

### 1)资产负债表需要重点关注的科目

(1)应收账款

一方面如果收入与利润有水分,应收账款就是藏污纳垢之地,故要注意识别虚增的应收账款;另一方面如果超长期应收账款金额高居不下,有可能说明公司客户信用管理不过关,或者产品交付有瑕疵。

(2)存货

一方面要注意识别未结转的成本形成的虚假库存;另一方面要关注存货减值,包括原材料减值与产成品减值。

(3)其他应收款

其他应收款有"资产垃圾筐"之称,要注意识别挂账的费用。另外,如果大股东从公司借款较多,说明公司公私不分,没有严格的内控。

(4)无形资产

除土地使用权外,其他的无形资产基本都是伪资产,特别要提防别有用心的研发费用资本化。研发费用资本化会减少当期费用,无形资产(不含土地使用权)比重高的企业往往是美化报表给金融机构、潜在投资人看的。

### 2)利润表需要重点关注的科目

(1)销售费用

销售费用占比畸高,往往说明企业销售渠道不畅,客户认可度不高,市场还没有扩宽,属于硬推出货。

(2)管理费用

管理费用占比的高低可以看出一个企业的内部运营效率。管理费用偏高的企业往往内部运作效率低,形式主义较严重。

(3)营业外支出

除非企业在做捐赠,除此之外的营业外支出都可以与管理不善挂上钩。营业外支出偏高,说明公司管理出了问题。

(4)资产减值

资金周转不畅或管理不善,则可能导致资产减值。资产减值偏高,同样说明公司管理出了问题。

### 3)现金流量表需要重点关注的科目

销售商品、提供劳务收到的现金,要提防美化现金流量表的现象。例如,找家关系户,做份采购合同,打笔预付款,经营活动现金净流量立即会好看;待到明年,再把合同取消,预付款退回,一切恢复本来面目。

# 参考文献


[1] 陈金翠.会计岗位实操大全[M].北京:中国铁道出版社,2016.

[2] 会计研讨小组.手把手教你做优秀会计[M].天津:天津科学技术出版社,2017.

[3] 焦雪丽.建筑施工企业会计实务操作手册[M].沈阳:辽海出版社,2015.

[4] 张秋利.跟我真账实操学成本会计[M].北京:机械工业出版社,2016.

[5] 纪宏奎,李永建.发票实操一本通[M].北京:机械工业出版社,2016.